AF608365

Sabrina Machts

Der Europäische Stabilitätsmechanismus und die Fiskalunion

Positive und negative Auswirkungen für Deutschland und Europa

AUSSENHANDELSPOLITIK UND -PRAXIS

Herausgegeben von Prof. Dr. Jörn Altmann

ISSN 1614-3582

8 *Tanja Fuß*
Negotations with the Japanese
Overcoming Intercultural Communication Hurdles
ISBN 3-89821-420-6

9 *Verena Ohms*
Rechnungslegung national und international
Eine vergleichende Darstellung der Rechnungslegungsgrundsätze nach HGB und IFRS
ISBN 3-89821-520-2

10 *Verena Ohms*
Konzernabschlüsse national und international
Eine vergleichende Darstellung der Konzernrechnungslegung nach HGB und IFRS
ISBN 3-89821-521-0

11 *Astrid Zippel*
EU-Förderprogramme für kleine und mittelständische Unternehmen
Ein Ratgeber
ISBN 3-89821-704-3

12 *Nicole Daiker*
Risikomanagement im Zollbereich
unter besonderer Berücksichtigung des zugelassenen Wirtschaftsbeteiligten
ISBN 978-3-89821-897-9

13 *Ying Sun*
Beschaffung in China
Ein Ratgeber für optimale Verhandlungen mit chinesischen Lieferanten
ISBN 978-3-8382-0002-6

14 *Marcel Rank*
Sanierungsfall Afrika
40 Jahre Entwicklungshilfe
Bilanz und Perspektiven
ISBN 978-3-8382-0021-7

15 *Oliver Knickel*
Ist der Euro ein Teuro?
Eine Analyse der gefühlten Inflation in der Eurozone
ISBN 978-3-8382-0356-0

16 *Astrid Shchekina-Greipel*
Einfuhr nach Russland leicht gemacht
Worauf beim Exportgeschäft mit der Russischen Föderation zu achten ist
ISBN 978-3-8382-0444-4

Sabrina Machts

DER EUROPÄISCHE STABILITÄTSMECHANISMUS UND DIE FISKALUNION

Positive und negative Auswirkungen für Deutschland und Europa

ibidem-Verlag
Stuttgart

Bibliografische Information der Deutschen Nationalbibliothek
Die Deutsche Nationalbibliothek verzeichnet diese Publikation in der Deutschen Nationalbibliografie; detaillierte bibliografische Daten sind im Internet über http://dnb.d-nb.de abrufbar.

Bibliographic information published by the Deutsche Nationalbibliothek
Die Deutsche Nationalbibliothek lists this publication in the Deutsche Nationalbibliografie; detailed bibliographic data are available in the Internet at http://dnb.d-nb.de.

Coverabbildung: © Wilhelmine Wulff / PIXELIO

∞

Gedruckt auf alterungsbeständigem, säurefreien Papier
Printed on acid-free paper

ISSN: 1614-3582

ISBN-13: 978-3-8382-0450-5

© *ibidem*-Verlag
Stuttgart 2012

Alle Rechte vorbehalten

Das Werk einschließlich aller seiner Teile ist urheberrechtlich geschützt. Jede Verwertung außerhalb der engen Grenzen des Urheberrechtsgesetzes ist ohne Zustimmung des Verlages unzulässig und strafbar. Dies gilt insbesondere für Vervielfältigungen, Übersetzungen, Mikroverfilmungen und elektronische Speicherformen sowie die Einspeicherung und Verarbeitung in elektronischen Systemen.

All rights reserved. No part of this publication may be reproduced, stored in or introduced into a retrieval system, or transmitted, in any form, or by any means (electronical, mechanical, photocopying, recording or otherwise) without the prior written permission of the publisher. Any person who does any unauthorized act in relation to this publication may be liable to criminal prosecution and civil claims for damages.

Printed in Germany

Vorwort

„Es gibt nur ein Rezept, um aus der Krise dauerhaft heraus zu kommen: die Verbesserung der Wettbewerbsfähigkeit und die Entwicklung hin zu einer Stabilitätsunion."

Mit diesen Worten wurde unser Bundesfinanzminister (Dr. Wolfgang Schäuble), auf der Homepage des Bundesministeriums der Finanzen, im Juli 2012 zitiert.

Er spricht hier von einer Krise. Wir, die Deutschen können annehmen, dass hiermit die derzeitige Staatsschuldenkrise der Europäischen Union gemeint ist. Denn wenn man dem allgemeinen Tenor unserer Bundesregierung folgt, steckt Deutschland – für sich alleine betrachtet – wohl eher in keiner Krise. Über das Thema „verbesserte Wettbewerbsfähigkeit" sprechen die Staats- und Regierungschefs der EU-Mitgliedstaaten allerdings derzeit nicht so viel, wie über das Thema „Stabilitätsunion" bzw. den Weg dorthin.

Um nun diese Staatsschuldenkrise zu stoppen und die Wirtschafts- und Währungsunion von Europa wieder zu stabilisieren, haben sich die EU-Mitgliedstaaten auf einen „Europäischen Stabilitätsmechanismus (ESM)" und einen „Fiskalpakt" geeinigt. Mit diesen zwei Veränderungen wurde eine „europäische Revolution" in Gang gesetzt, die u.a. für Deutschland – und somit auch für uns als deutsches Volk – wirtschaftliche Folgen nach sich zieht.

Um nachvollziehen zu können, auf welchen europäischen Grundlagen der ESM sowie der Fiskalpakt aufbauen, wird im **1. Kapitel** daher die rechtliche und vertragliche Vorgeschichte dargestellt. Darauf aufbauend wird im **2. Kapitel** der ESM und im **3. Kapitel** die Fiskalunion erläutert. Im **4. Kapitel** werden dann ausführlich die aus diesen neuen vertraglichen Regelwerken resultierenden Auswirkungen für Deutschland erläutert und bewertet. Natürlich können dies keine abschließenden Darstellungen sein, da sowohl die Verhandlungen zum ESM als auch zum Fiskalpakt – sowohl auf europäischer als auch auf deutscher Ebene – noch nicht final abgeschlossen sind; somit wird im **5. Kapitel** ein Ausblick gegeben. Abschließend werden im **6. Kapitel** alle Ausführungen nochmals zusammengefasst.

Mit diesen Darstellungen und Erläuterungen wird somit das Ziel verfolgt, die durch unsere Bundesregierung geäußerte Notwendigkeit dieser neuen Maßnahmen sowie die allgemeinen Zusammenhänge des ESM und des Fiskalpaktes darzustellen, zu bewerten und sowohl einzelne mögliche Perspektiven als auch Auswirkungen für Deutschland aufzuzeigen.

Inhaltsverzeichnis

0. Einleitung

Deutschland geht es gut! Solch einen Satz oder eine ähnliche Aussage hören wir Deutschen fast täglich in den Nachrichten. Aber stimmt das auch? Es wird derzeit viel über Themen wie Stabilitäts- und Wachstumspakt, Fiskalpakt, Europäischer Stabilitätsmechanismus (ESM) oder auch die politische und finanzielle Situation in Griechenland sowie Spanien und den damit verbundenen Auswirkungen für Europa und den dazugehörigen Ländern berichtet. Selbst als aufmerksamer Zuhörer fällt es einem schwer, diese Nachrichten zu verstehen. Oftmals werden Fachbegriffe verwendet, die weder einzeln für sich, noch deren Zusammenhänge erklärt werden. Ist dies so gewollt? Stimmt es tatsächlich, dass es Deutschland trotz der schwierigen finanziellen Lage in Europa wirtschaftlich sehr gut geht und dass wir Deutschen uns über ein Wirtschaftswachstum freuen sollten und keine Sorgen über Europa und die dortigen Probleme machen müssen? Aber sind wir Deutschen nicht auch Europäer? Ja, sind wir! Sind die europäischen Probleme nicht auch automatisch unsere deutschen Probleme?

Mit dieser Studie wird das Ziel verfolgt, das derzeitige Mysterium „Europa" und speziell die neuen Vereinbarungen und Verpflichtungen wie den ESM und den Fiskalvertrag zu verdeutlichen. Es werden Antworten darauf gegeben, warum gerade dieser ESM zukünftig eine Schlüsselrolle in der Europäischen Union (EU) einnehmen soll und den finanziell angeschlagenen EU-Mitgliedstaaten behilflich sein kann. Auch wird dargestellt, in welchem Zusammenhang hierzu der Fiskalvertrag steht und warum unsere derzeitige Bundeskanzlerin (Angela Merkel) sich so energisch dafür einsetzt; auch wenn ihre Position innerhalb der EU – beispielsweise aufgrund des Regierungswechsels in Frankreich – immer schwächer wird. Zusätzlich hat sie mit immer mehr Gegenstimmen innerhalb der EU und sogar innerhalb der eigenen Bundesregierung zu kämpfen. Warum sie gerade deshalb während den jüngsten Verhandlungen Zugeständnisse machen musste, wie diese genau aussehen und zustande gekommen sind, wird nachfolgend auch erläutert.

Und welche positiven sowie negativen Auswirkungen diese europäischen Veränderungen für Deutschland und uns als Deutsche mit sich bringen, wird in der vorliegenden Studie analysiert und dargestellt.

1. Vorgeschichte der Europäischen Union

Die „Europäische Union (EU)“ ist eine Gemeinschaft, die sich aus insgesamt 27[1] europäischen Staaten zusammensetzt (vgl. Anhang 1). Mit diesem Staatenverbund werden die Hauptziele verfolgt, einen gemeinsamen Binnenmarkt und zusätzlich eine gemeinsame „Wirtschafts- und Währungsunion“ zu schaffen; diese Ziele bzw. Absichten sind in Art. 2 des „Vertrags zur Gründung der Europäischen Gemeinschaft (EGV)“ als „Aufgabe der Gemeinschaft“ definiert.

1.1. Vertrag über die Europäische Union

Im Jahre 1992 wurde in Maastricht der „Vertrag über die Europäische Union“ durch alle damals beteiligten Mitgliedstaaten beschlossen sowie unterzeichnet und trat im November 1993 in Kraft.[2] Mit diesem Vertrag – umgangssprachlich als „Vertrag von Maastricht“ bekannt – wurde die EU geschaffen. Das Kernstück des Vertrags ist die Darstellung der drei Säulen „Europäische Gemeinschaft“, „Gemeinsame Außen- und Sicherheitspolitik“ und „Innen- und Justizpolitik“. Auch die gesetzlichen Regelungen zur „Wirtschafts- und Währungsunion“ und die damit verbundene Anpassung des EGV, wurden im „Vertrag von Maastricht“ festgelegt.[3]

1.2. Wirtschafts- und Währungsunion (WWU)

Um in der WWU ein Mitglied werden zu können, müssen die im „Stabilitäts- und Wachstumspakt“[4] (vgl. Anhang 2) dargelegten „Konvergenzkriterien“[5] (vgl. Anhang 3) erfüllt werden. Diese Kriterien wollen bzw. können derzeit 17 Mitgliedstaaten[6] erreichen (vgl. Anhang 4).

[1] Vgl. Schrötter (2010): Kleines Europa-Lexikon, S.104f.
[2] Tagesschau.de (erstellt: 02‘2012): www.tagesschau.de
[3] BR (erstellt: 11‘2005): Europa-Lexikon, www.bundesregierung.de
[4] Vgl. Wörterbuch kaufmännischer Begriffe (2000): Stabilitätspakt, S.267.
[5] Vgl. Friedrich / Unterberg (1996): Die Währungsunion – Chance für Europa, S.38.
[6] CRP-Infotec (erstellt: 07‘2012): Mitglieder der Eurozone, www.crp-infotec.de

Die damit verbundene haushaltspolitische Überwachung der EU-Mitgliedstaaten,[7] wird durch deren Verpflichtung, jährlich diverse Berichte vorzulegen, überprüft. Darauf aufbauend wurde im Jahre 2002 die gemeinsame €-Währung als Bargeld in den EU-Mitgliedstaaten der WWU eingeführt; bereits im Jahre 1999 stand die €-Währung dem europäischen Bankenmarkt als Buchgeld zur Verfügung.[8]

Diese Gemeinschaft kann für jeden einzelnen Mitgliedstaat enorme Vorteile, allerdings auch diverse Nachteile mit sich bringen. Denn beispielsweise Deutschland – ein wirtschaftlich und finanziell sehr stark vertretener Mitgliedstaat – hat nicht nur einen großen Einfluss innerhalb der EU, sondern muss auch bei Bedarf den anderen Mitgliedstaaten in finanziell schwierigen Situationen mehr helfen. „Mehr helfen" bedeutet, dass die Höhe der finanziellen Beteiligung von den eigenen Kapitalanteilen an der Europäischen Zentralbank (EZB) bzw. dem Anteil am EU-Haushalt abhängt; Deutschland ist hier mit ca. 20% beteiligt.[9]

1.3. Stabilitäts- und Wachstumspakt (SWP)

> *„Damit sich die Staatsschuldenkrise nicht zur Euro-Krise und somit zur EU-Krise entwickelt, haben die Staats- und Regierungschefs gehandelt und eine umfassende Gesamtstrategie zur Reform und Stabilisierung der Europäischen Wirtschafts- und Währungsunion entworfen".*[10]

Mit dieser Aussage geht das Bundesministerium der Finanzen (BMF) bereits im Mai 2011 auf die zu dieser Zeit existierenden Probleme innerhalb der EU ein. Demzufolge traf im Dezember 2011 der überarbeitete SWP in Kraft[11]; bereits hier lag die oberste Priorität der EU-Mitgliedstaaten auf der nationalen Haushaltsdisziplin und der dazugehörigen europäischen Überwachung.

[7] Vgl. BMF (2011): Dritter Bericht zur Tragfähigkeit der öffentlichen Finanzen, S.18.

[8] Vgl. Lexikon der Volkswirtschaft (2003): Euro-Banknoten und -Münzen, S.210f.

[9] BMF (erstellt: 05'2012): EFSM, www.bundesfinanzministerium.de

[10] BMF (erstellt: 05'2011): FAQ's zum SWP, S.5, www.bundesfinanzministerium.de

[11] BMF (erstellt: 05_2012): Der neue SWP, www.bundesfinanzministerium.de

2. Europäischer Stabilitätsmechanismus (ESM)

2.1. Vorgeschichte

Im Jahre 2010 haben die Staats- und Regierungschef der WWU zwei EU-Gemeinschaftsinstrumente – mit einer Laufzeit von 3 Jahren – eingerichtet, um EU-Mitgliedstaaten helfen zu können, die sich kurzfristig in finanziellen Schwierigkeiten befinden.
Diese beiden Instrumente wurden als „Europäischer Finanzstabilisierungsmechanismus (EFSM)“ und „Europäische Finanzstabilisierungsfazilität (EFSF)“ benannt.[12]

2.1.1. Vorgehensweise von EFSM und EFSF

Grundsätzlich soll durch die Vergabe von Krediten denjenigen EU-Mitgliedstaaten der WWU finanziell geholfen werden, die durch ihre nationalen Probleme die gesamte Währungsunion schwächen könnten.

Beispielsweise wurden die EU-Länder Irland, Portugal und Griechenland mit diesem Verfahren finanziell unterstützt.

Natürlich werden diese Kredite nicht ohne diverse Bedingungen vergeben; jedes Kreditnehmer-Land muss sich einem vorgegebenen Spar- und Reformprogramm unterziehen. Wenn sich allerdings dieses Land nicht an die Vereinbarungen hält, können die EU-Kommission und die EZB nach Artikel 9 des EFSF-Rahmenvertrags beispielsweise die Kreditzahlungen einstellen. Im schlimmsten Falle wird dem Kreditnehmer-Land sogar dazu geraten, aus der gesamten EU auszutreten.[13]

[12] BMF (erstellt: 05‘2012): EFSF, www.bundesfinanzministerium.de

[13] EUR-Lexikon (erstellt: 12‘2007): Änderung des Vertrags über die EU, http://eur-lex.europa.eu

2.1.2. Dauerhafter Krisenbewältigungsmechanismus[14]

Da die Maßnahmen des EFSM und des EFSF eher für kurzfristige Krisen ausgelegt sind, wurden auch diese europäischen Instrumente und dazugehörigen Abkommen überarbeitet.

Vielen EU-Mitgliedstaaten – beispielsweise Deutschland und Frankreich als die führenden Staaten innerhalb der EU – wurde deutlich, dass man ein dauerhaftes Instrument schaffen musste, um einzelne EU-Mitgliedstaaten auch längerfristig finanziell unterstützen zu können. Die Idee bzw. die Notwendigkeit eines „dauerhaften Krisenbewältigungsmechanismus“[15] war geboren.

2.1.3. Verlorenes Vertrauen

Die im Jahre 2008 entstandene US-Finanzkrise hatte immense Auswirkungen auf die gesamte Weltwirtschaft und somit auch auf die EU. Allerdings hatten alle daraufhin folgenden Bemühungen der europäischen Staats- und Regierungschefs keinen Erfolg, sodass sich aus der anfänglichen US-Finanzkrise für die EU eine Staatsschuldenkrise entwickelte.[16] Alle überarbeiteten und neu aufgestellten Regeln, Abkommen und Sanktionen haben bis heute nicht wirklich zu einem Erfolg geführt.

Denn wie kann es beispielsweise sein, dass ein EU-Mitgliedstaat wie Griechenland, mit ca. 240 Mrd. €[17] finanziell unterstützt wird, aber die eigentlich dafür geforderten harten Sparauflagen und vorgeschriebenen Reformen der WWU nicht eingehalten werden? Selbst durch die neue griechische Regierung, führen die Finanzhilfen zu keinem nachweisbaren Erfolg.[18]

14-15 BMF (erstellt:03‘2012): Fiskalvertrag & ESM (FAQ), www.bundesfinanzministerium.de

16 Vgl. Wirsching (2012): Europa in der Finanz- und Wirtschaftskrise, S.392.

17 Vgl. Spiegel (Nr.20, 2012): Abschied vom Euro, S.23.

18 Bild.de (erstellt: 06‘2012): Griechen wollen mehr Zeit und weniger Sparen, www.bild.de

Im Gegenteil, die Griechen sind mit den – besonders durch Deutschland – geforderten Sparauflagen nicht einverstanden und konfrontieren uns Deutsche daher wieder mit unserer Vergangenheit. Beispielsweise kann bzw. muss man in der Zeitschrift „Der Spiegel“ (Nr.20/14.05.12, S.23) lesen:

> *„Angela Merkel wird in griechischen Magazinen gern in Nazi-Uniform dargestellt, weil sie dem Rest Europas ihre Vorliebe für ausgeglichene Staatshaushalte, fürs Kürzen, Streichen und Verschlanken aufdrängt.“*

Auch in der Zeitschrift „Stern“ (Nr.29/12.7.2012, S.26) wird zwei Monate später fast schon belanglos berichtet:

> *„An Merkel perlt alles ab. (...) Das britische Blatt „New Statesman“ nennt sie gar den „gefährlichsten deutschen Führer seit Hitler“.*

Durch solche Äußerungen wird deutlich, dass wir Deutschen noch immer nicht mit der Vergangenheit abschließen können. Müssen wir vielleicht sogar damit rechnen, dass nicht nur die Griechen und Briten, sondern beispielsweise auch die Spanier – die auch finanzielle Schwierigkeiten haben und mittlerweile auf die europäische Finanzspritze angewiesen sind – uns so darstellen werden? Es kann doch nicht sein, dass ein harter EU-Sparkurs unserer Bundeskanzlerin dazu führt, dass wir Deutschen von unserer Vergangenheit wieder eingeholt werden; mit welchen Auswirkungen müssen wir noch rechnen?

Und wie soll nun hier beispielsweise ein ESM dabei helfen, die bestehende Staatsschuldenkrise zu stoppen, für eine langfristige finanzielle Stabilität innerhalb der Eurozone[19] (vgl. Anhang 5) zu sorgen und schlussendlich unser Vertrauen wieder aufzubauen?
Auf all diese Fragen, die sich bestimmt viele Deutsche stellen, wird nachfolgend eine Antwort gegeben.

[19] Vgl. Schrötter (2010): Kleines Europa-Lexikon, S.77.

2.2. ESM-Vertrag

Da sich die bestehende Staatsschuldenkrise auch negativ auf die EU auswirkte, haben die zuständigen Staats- und Regierungschefs im Jahre 2011 diverse Reformen beschlossen, um die WWU zu schützen bzw. zu stabilisieren. Zu den in Summe 8 Reformen gehört u.a. auch der ESM.[20]

Bereits zur Einrichtung des ESM wurde zwischen den EU-Mitgliedstaaten der Eurozone eine Vereinbarung getroffen. In dieser Vereinbarung ist durch 48 Artikel und diversen Anhängen der gesamte ESM – von der Einrichtung bis hin zum Inkrafttreten – geregelt.[21] Dieses Vertragswerk ist – wie viele andere europäische Vereinbarungen auch – für einen nicht politisch engagierten Deutschen schwer zu verstehen. Daher hat das BMF auf seiner Homepage nicht nur diese Vereinbarung veröffentlicht, sondern auch am 21.05.2012 unter der Rubrik „Europa“ den Artikel „Europäischer Stabilitätsmechanismus (ESM)“ eingestellt. In diesem 4-seitigen Artikel wird die Struktur des ESM erläutert; die Ausführungen der folgenden 7 Unterabschnitte beziehen sich regelmäßig auf diese Erläuterungen des BMF.

2.2.1. Vertragsstruktur

Grundsätzlich ist der ESM eine vertragliche Vereinbarung zwischen den 17 EU-Mitgliedstaaten der Eurozone, um die WWU langfristig zu schützen und zu stabilisieren. Diese Vereinbarung wurde im Januar 2012 durch die Finanzminister der entsprech-enden EU-Mitgliedstaaten beschlossen.[22] Der ESM wird als internationale Finanzinstitution mit Sitz in Luxemburg fungieren.[23]

[20] Vgl. BMF (2011), Flyer „Europapolitik im Bundesministerium der Finanzen“.

[21] BMF (erstellt: 02‘2012): Vertrag zur Einrichtung des ESM, www.bundesfinanzministerium.de

[22] BMF (erstellt: 02‘2012): Unterzeichnung des ESM-Vertrags, www.bundesfinanzministerium.de

2.2.2. Inkrafttreten

Bei der Unterzeichnung des Vertrags war vorgesehen, dass der ESM im Juli 2012 in Kraft tritt.[24]
In Artikel 48 des ESM-Vertrags wird allerdings erläutert, dass erst dann dieser Vertrag in Kraft tritt, wenn so viele ESM-Mitglieder die entsprechenden ESM-Gesetze ratifiziert[25] (vgl. Anhang 6) haben, das 90% des ESM-Stammkapitals zur Verfügung stehen. Zu Anfang Juli 2012 hatten aber erst 13 von 17 ESM-Mitgliedstaaten die notwendige nationale Ratifizierung vollzogen;[26] mit deren Anteilen wurde die 90%-Hürde nicht genommen. Zu diesen 13 ESM-Mitgliedstaaten gehört u.a. auch Deutschland; bereits im März 2012[27] wurden die notwendigen Beschlüsse im Bundeskabinett vorgenommen und Ende Juni 2012 u.a. die Gesetze zum ESM durch den Bundestag und Bundesrat – mit einer notwendigen 2/3-Mehrheit – beschlossen.[28]

2.2.3. Zweck

Der ESM dient dazu, einem in finanzielle Not geratenen EU-Mitgliedstaat zu helfen, wenn sich dieser nationale Engpass auf die gesamte Eurozone negativ auswirken könnte. Mit „Hilfe" sind hier verschiedene finanzielle Instrumentarien gemeint. Um allerdings diese Unterstützung für sich in Anspruch nehmen zu können, muss der entsprechende EU-Mitgliedstaat (beispielsweise: Griechenland) u.a. einem sogenannten „makroökonomischen Anpassungsprogramm" zustimmen.[29] Hier werden individuelle Vereinbarungen dazu getroffen, wie sich der betroffene Staat wirtschaftlich und speziell finanziell wieder stabilisieren kann. Offiziell wird unter Artikel 3 des ESM-Vertrags der Zweck folgendermaßen beschrieben:

25 Gabler (abgerufen: 08'2012): „Staatsvertrag", www.wirtschaftslexikon.gabler.de
26 Stern (erstellt: 07'2012): ESM und Fiskalpakt: Wer hat schon zugestimmt?, www.stern.de
28 BMF (erstellt: 06'2012): Bundestag/-rat stimmen für Fiskalvertrag und ESM, www.bundesfinanzministerium.de

„Zweck des ESM ist es, Finanzmittel zu mobilisieren und ESM-Mitgliedern, die schwerwiegende Finanzierungsprobleme haben oder denen solche Probleme drohen, unter strikten Auflagen, die dem gewählten Finanzhilfeinstrument angemessen sind, eine Stabilitätshilfe zu gewähren, wenn dies zur Wahrung der Finanzstabilität des Euro-Währungsgebiets insgesamt und seiner Mitgliedstaaten unabdingbar ist. (...)"

2.2.4. Instrumentarium

In Summe stehen dem ESM 5 Instrumente[30] zur Verfügung, um einem finanziell instabilen EU-Mitgliedstaat helfen zu können; diese Hilfe wird an die individuelle wirtschaftliche Situation des hilfsbedürftigen Landes angepasst.

Diese Instrumente setzen sich folgendermaßen zusammen:

a) Vorsorgliche Finanzhilfen: Bei kurzfristigen finanziellen Schwierigkeiten, aber einer stabilen wirtschaftlichen Lage, wird eine individuelle Kreditlinie zur Verfügung gestellt. Somit soll eine tatsächliche finanzielle Krise oder ein finanzieller Schaden für andere EU-Mitgliedstaaten vermieden werden. Auch soll das Vertrauen in das angeschlagene Land wieder gestärkt werden.[31]

b) Darlehen: Wenn es sich bereits um grundlegende finanzielle Schwierigkeiten handelt, werden Darlehen vergeben. Hier ist im Gegenzug der betroffene EU-Mitgliedstaat dazu verpflichtet, sich an die Auflagen des „makroökonomischen Anpassungsprogramms" zu halten.[32]

c) Rekapitalisierung von Finanzinstitutionen: Auch hier wird einem EU-Mitgliedstaat ein Darlehen zur Verfügung gestellt; allerdings um ein spezielles finanzielles Problem einzudämmen. Diese Rekapitalisierung basiert auf dem europäischen Beihilferecht[33] (vgl. Anhang 7).[34]

d) Primärmarktkäufe: Mit „Primärmarkt" ist hier der Emissionsmarkt gemeint; in diesem Markt kann der ESM selber neue Wertpapiere (beispielsweise: Anleihen) kaufen.[35]

33 RA v.Donat/Quardt (abgerufen: 08'.2012): Beihilferecht, www.vondonat-quardt.de

e) Sekundärmarktkäufe: Als „Sekundärmarkt“ wird ein Umlaufmarkt bezeichnet. Hier kann der ESM – wenn die EZB die individuellen länderspezifischen und eventuell die darauf folgenden europäischen finanziellen Schwierigkeiten bestätigt – vorhandene Staatsanleihen kaufen.[36]

2.2.5. Kapital

2.2.5.1. Stammkapital

Das vereinbarte Stammkapital i.H.v. 700 Mrd. € setzt sich aus zwei Teilen zusammen; erstens dem einzuzahlenden Kapital i.H.v. 80 Mrd. € und zweitens dem abrufbarem Kapital i.H.v. 620 Mrd. € (vgl. Abbildung 1).

Abb. 1: Stammkapital des ESM

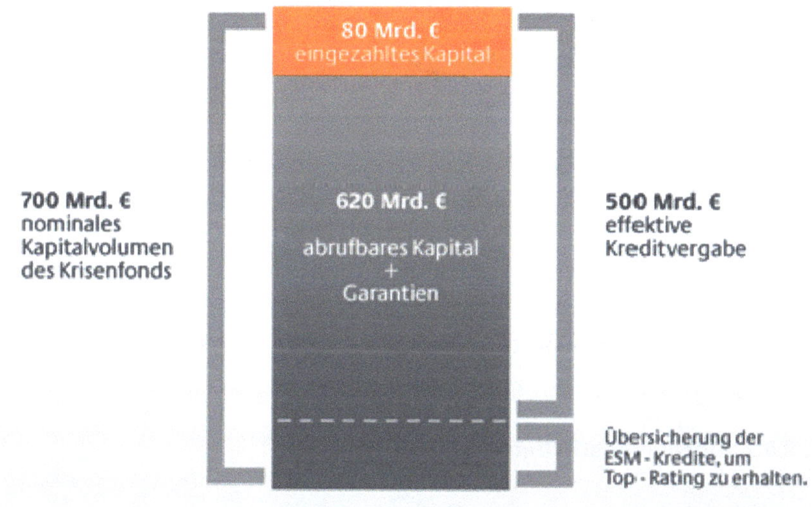

Quelle: BMF (erstellt: 03‘2011): ESM, www.bundesregierung.de

Alle EU-Mitgliedstaaten sind verpflichtet – jeweils gemessen an ihren Anteilen am Kapital der EZB – ihren Kapitalanteil am ESM einzuzahlen.[37]

Die Abbildung 2 des BMF stellt dar, wie hoch die jeweiligen Kapitalanteile der einzelnen EU-Mitgliedstaaten sind. Wie man der Übersicht entnehmen kann, hat Deutschland mit 27,15% die höchste finanzielle Verpflichtung; diese 27,15% entsprechen für erstens dem einzuzahlenden Kapital ca. 22 Mrd. € und zweitens dem abrufbaren Kapital ca. 168 Mrd. €.[38]

Abb. 2: Kapitalanteile der EU-Mitgliedstaaten am ESM

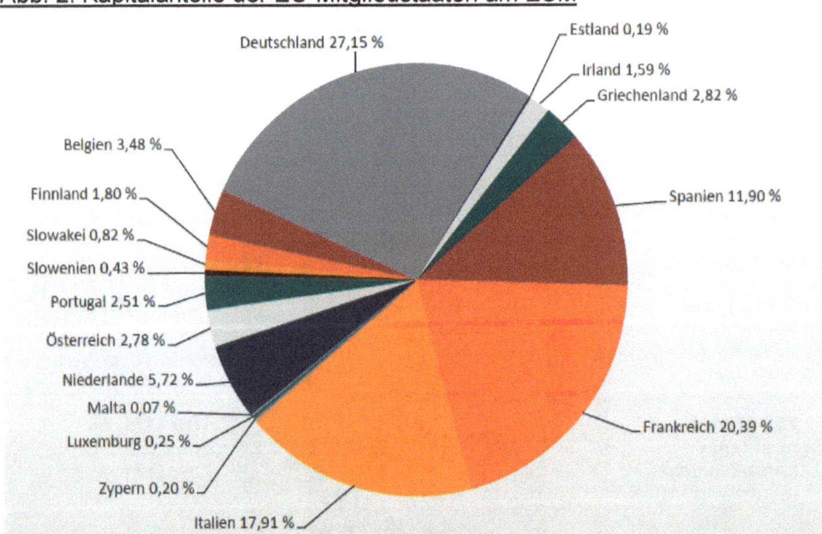

Quelle: BMF (erstellt: 04'2012), ESM, Unterkapitel 3.1, www.bundesfinanzministerium.de

2.2.5.2. Einzahlungsrhythmus

Weiterhin wird in Artikel 41 (1) des ESM-Vertrags erläutert, dass jeder EU-Mitgliedstaat innerhalb von 5 Raten den eigenen Finanzierungsanteil einzahlen muss. Weiterhin ist geregelt, dass die 1. Rate innerhalb von 15 Tagen nach Inkrafttreten des ESM-Vertrags fällig ist; danach erfolgt auf den Tag genau, ein jährlicher Einzahlungsrhythmus.

Allerdings hat sich Deutschland auf Artikel 41 (3) des ESM-Vertrags berufen und somit unseren Einzahlungsrhythmus verkürzt. Im Jahre 2012 müssen nun 2 Raten und in den Jahren 2013 und 2014 die restlichen 3 Raten eingezahlt werden.[39] Dies bedeutet nun für Deutschland, dass im Jahre 2012 bereits ca. 8,7 Mrd. € aufzubringen sind.[40]

2.2.5.3. Privatsektor

Sollte eine finanzielle Hilfe notwendig sein und somit das Stammkapital genutzt werden müssen, wird zusätzlich überprüft, ob eine Beteiligung des Privatsektors an der finanziellen Hilfe sinnvoll ist. Diese Überprüfung basiert auf der Vorgehensweise des Internationalen Währungsfonds (IWF).[41]

2.2.6. Gremien

Der ESM setzt sich aus 2 Entscheidungsträgern zusammen. Zum einen gibt es den Gouverneursrat und zum anderen das Direktorium. Der Gouverneursrat wird durch die jeweiligen Finanzminister der EU-Mitgliedstaaten vertreten (vgl. Artikel 5 (1) ESM-Vertrag); für Deutschland somit durch unseren Bundesfinanzminister Dr. Wolfgang Schäuble. Dieser Rat entscheidet beispielsweise darüber, ob einem EU-Mitgliedstaat überhaupt und wenn ja mit welchem Instrumentarium geholfen wird. Das Direktorium setzt sich aus jeweils einem weiteren Vertreter eines EU-Mitgliedstaates zusammen (vgl. Artikel 6 (1) ESM-Vertrag) und ist für das operative Geschäft zuständig.[42]

[38, 40] BR (erstellt: 05'2012), ESM, www.bundesregierung.de

[23-24, 27, 29-32, 34-37, 39, 41-42] BMF (erstellt: 05'2012): ESM, www.bundesfinanzministerium.de

2.2.7. Vorgehensweise

In Artikel 13 des ESM-Vertrags ist das „Verfahren für die Gewährung von Stabilitätshilfe" definiert. Das BMF hat zusätzlich eine Übersicht veröffentlicht, die diesen Artikel grafisch darstellt (vgl. Abbildung 3).

Abb. 3: Vorgehensweise des ESM

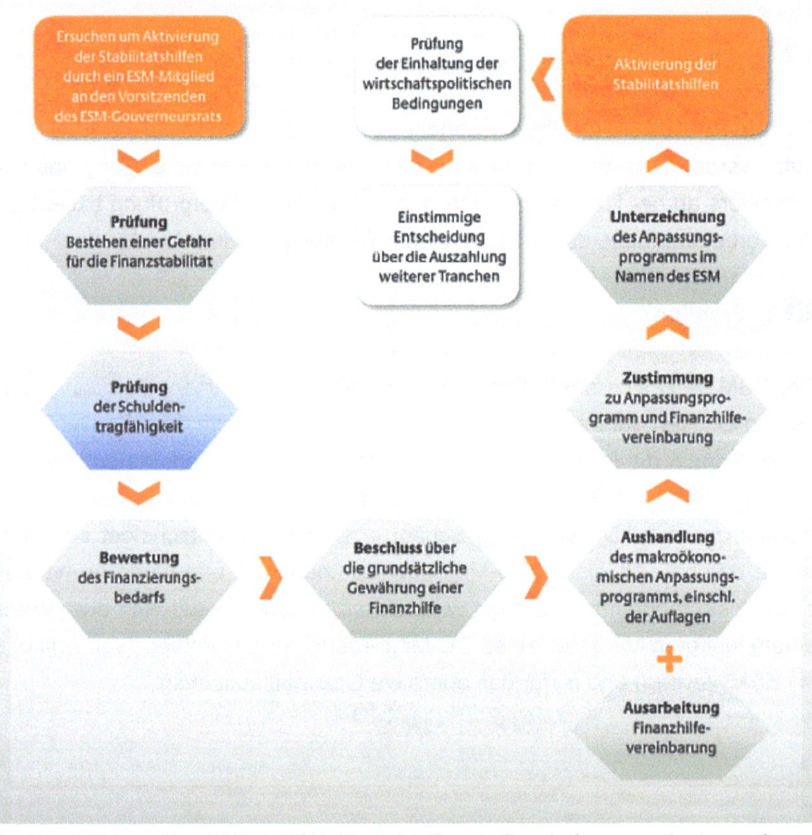

Quelle: BMF (erstellt: 04'2012), ESM, Kapitel 4, Zusatz: Beschriftungen teilweise entfernt, www.bundesfinanzministerium.de

2.3. Übergangsregelungen: ESM, EFSM und EFSF

Grundsätzlich soll der ESM den EFSM inklusive dem EFSF ablösen. Da allerdings das Inkrafttreten des ESM bereits für Juli 2012 geplant wurde (vgl. Unterkapitel 2.1.2) und alle betroffenen EU-Mitgliedstaaten schnellstmöglich versuchen, die ESM-Gesetze national ratifizieren zu lassen, werden diese 3 Instrumente nun bis Mitte 2013 parallel laufen.[43]

Dieser zwar zeitlich begrenzte, aber dennoch parallele Fortbestand von ESM, EFSM und EFSF bringt eine summierte Kapitalstruktur mit sich. Denn zusätzlich zu dem 440 Mrd. €[44] hohem Ausleihvolumen des EFSF und den 60 Mrd. € des EFSM, muss zusätzlich das ESM-Stammkapital i.H.v. 700 Mrd. € zur Verfügung stehen bzw. abrufbar sein. Von den 440 Mrd. des EFSF wurde in Summe bereits 200 Mrd. € für die finanzielle Unterstützung für Griechenland, Portugal und Irland genutzt.[45] Somit fließt tatsächlich bereits ein Kapital i.H.v. 280 Mrd. €; aufzubringen durch die verpflichteten EU-Mitgliedstaaten der Eurozone.

Nicht nur, dass der Darlehensstruktur von EFSM und EFSF nun die Stammkapitalstruktur des ESM folgt – also hier tatsächlich Geld fließt – gibt es zusätzlich auch den Art.10 des ESM-Vertrags. Dieser gibt dem Gouverneursrat diejenigen Freiheiten, um das Stammkapital des ESM beliebig erhöhen zu können.[46]

Dies bedeutet, dass zu jeder Zeit der Gouverneursrat beschließen kann, dass beispielsweise Deutschland noch mehr Einzahlungen tätigen muss. Wie dies mit unserer nationalen Haushaltspolitik vereinbar sein soll, wird natürlich im neuen ESM-Vertrag nicht geregelt.

43 BMF (erstellt: 05'2012): EFSF, S.1: Einleitung, www.bundesfinanzministerium.de

44 BMF (erstellt: 05'2012): EFSF, www.bundesfinanzministerium.de

45 Stern (erstellt: 03'2012): EFSF und ESM, www.stern.de

46 MM news (erstellt: 02'2012): Die ESM-Diktatur enteignet D, S.2, www.mmnews.de

2.4. Zusammenhang: ESM und Fiskalvertrag

Der ESM basiert auf dem Fiskalvertrag. Um somit als EU-Mitgliedstaat die ESM-Instrumente überhaupt nutzen zu können, müssen sowohl die Gesetze zum ESM als auch zum Fiskalvertrag – bis spätestens zum 1. März 2013 – ratifiziert werden.[47]

Für den entsprechenden EU-Mitgliedstaat bedeutet daher eine finanzielle Unterstützung gleichzeitig auch, dass von nun an die nationale Haushaltspolitik an strenge europäische Vorgaben gebunden ist.

[47] BMF (erstellt: 05'2012): ESM, S.1, www.bundesfinanzministerium.de

3. Fiskalunion

3.1. Vorgeschichte

Auch wenn es zum jetzigen Zeitpunkt noch keine Fiskalunion gibt, diskutieren bereits seit ca. 1½ Jahren die Staats- und Regierungschefs der EU darüber. Die Ergebnisse dieser Verhandlungen, oder aber auch einzelne Meinungen und nationale Vorgehensweisen, werden regelmäßig in der Tagespresse wiedergegeben und kommentiert.
Besonders aus deutscher Sicht – wenn man unserer Bundeskanzlerin Glauben schenken möchte – ist das Ziel „Fiskalunion" unumgänglich.[48]

3.1.1. Frühes Statement seitens der Bundesregierung

Bereits im Dezember 2011 konnte man der Tagespresse entnehmen, dass unsere Bundeskanzlerin eine gemeinschaftliche europäische Haushaltspolitik befürwortet und strengere Kontrollen für die nationale Haushaltspolitik in die europäischen Regelwerke verankern möchte.[49]

Eine eventuell notwendige Volksabstimmung – um diese europäischen Maßnahmen in Deutschland überhaupt umsetzen und einführen zu können – sah sie bereits zu diesem Zeitpunkt als nicht notwendig an und begründete ihre Ansicht in einer Pressekonferenz im Dezember 2011 in Berlin wie folgt:[50]

> *„(…) Es sind aus den Beschlüssen heraus, die wir im Juli gefasst haben, Veränderungen am ESM-Vertrag vorzunehmen. (…) Wir werden automatisch sicherstellen, dass die Verletzung des Stabilitäts- und Wachstumspaktes nicht mehr möglich ist. (…) Dies ist zwar ein erster Schritt in eine Fiskalunion, aber es ist nicht eine gemeinsame Einnahmen- und Ausgabenpolitik. (…)*
>
> *Frage: (…) Wie weit könnten Vertragsänderungen gehen, und wo liegt die Schwelle, (…), dass das Volk zu befragen ist?*

48-49 Zeit Online (erstellt: 12'2011): Merkel will Fiskalunion ohne Volksabstimmung, www.zeit.de

50 BR (erstellt: 12'2011): Mitschrift Pressekonferenz, www.bundesregierung.de

BK'in Merkel: (...) Bei uns hat das Bundesverfassungsgericht sehr deutlich gemacht: Die Hoheit über die Einnahmen- und Ausgabenpolitik muss bei dem deutschen Souverän liegen, jedenfalls in dem augenblicklichen Grundgesetz. Deshalb sage ich (...): Wenn wir das, was wir ohnehin in Europa schon versprochen haben, automatisch überprüfbar machen, dann sehe ich diesen Punkt nicht gekommen."

Auch der zu dieser Zeit amtierende französische Präsident (Nicolas Sarkozy) sowie der österreichische Bundeskanzler (Werner Faymann) waren der gleichen Auffassung und unterstützten somit unsere Bundeskanzlerin auf europäischer sowie internationaler Bühne.[51]

3.1.2. Politische Beziehung: Deutschland und Frankreich

Da sich unsere Bundeskanzlerin und der ehemalige französische Präsident im Grundsatz fast immer einig waren, und es sich bei Deutschland und Frankreich um wirtschaftlich und finanziell stark vertretene Staaten innerhalb EU handelt, war es bis dahin immer relativ einfach die deutschen und französischen Absichten umzusetzen.

Allerdings gibt es seit Juni diesen Jahres, einen neuen Präsidenten in Frankreich; François Hollande. Bereits während seinem Wahlkampf hat er dem französischen Volk u. a. versprochen, den ESM sowie den Fiskalpakt neu zu verhandeln.[52] Damit hatte Angela Merkel ihren Verbündeten aus Frankreich verloren; somit war klar, dass die bevorstehenden europäischen Verhandlungen nicht einfacher würden. Im Gegenteil, mittlerweile wissen wir, dass sie von ihrem strikten Sparkurs abweichen und diverse Zugeständnisse machen musste; natürlich war unsere restliche Bundesregierung in Deutschland darüber nicht erfreut und brachte ihren Unmut auch dementsprechend zum Ausdruck.[53]
Sowohl diese europäischen Zugeständnisse als auch die darauf folgende nationale politische Uneinigkeit, sind nicht gut für Deutschland (vgl. Unterkapitel 4.2).

51 Zeit Online (erstellt: 12'2011): Merkel will Fiskalunion ohne Volksabstimmung, www.zeit.de

52 Vgl. Stern (Nr.19, 2012): François, der Zweite, S.60.

53 Vgl. Kölner Stadt-Anzeiger (Nr.150, 2012): Merkel beugt sich Gipfel-Druck, Titelseite.

3.2. Fiskalvertrag

Einem jeden Fiskalvertrag dient grundsätzlich die Fiskalpolitik als Basis. Unter Fiskalpolitik werden allgemein diejenigen Aktivitäten eines Staates verstanden, mit denen die konjunkturelle Entwicklung durch staatliche Einnahmen bzw. Ausgaben verändert werden kann. Solche Maßnahmen sollten durch den Staat immer antizyklisch genutzt werden. Dies bedeutet beispielsweise, dass der Staat während eines wirtschaftlichen Hochs, einerseits seine Ausgaben verringern und andererseits durch etwaige Einnahmen – z.B. per Erhöhung verpflichtender Steuerzahlungen durch die Bürgerinnen und Bürger – diverse Rücklagen für wirtschaftlich schlechtere Zeiten bilden sollte. [54]

Und genau durch diese Definition kommen bereits jetzt viele Fragen auf. Denn wenn nun als Staat nicht mehr das jeweilige nationale Land definiert wird, sondern die europäischen Institutionen gemeint sind, kann auf europäischer Ebene beispielsweise entschieden werden, welche Steuern wir Deutschen wann und wie zu zahlen haben. Wäre diese Vorgehensweise überhaupt mit unserem Grundgesetz vereinbar? Und wie könnte hierbei noch von einer souveränen Staatsgewalt gesprochen werden? Diese und weitere Fragen werden im 4. Kapitel beantwortet.

Bedingt durch die o.g. Staatsschuldenkrise und die damit verbundenen finanziellen Auswirkungen für die gesamte EU, haben die zuständigen Staats- und Regierungschefs diverse Maßnahmen aufgesetzt, um letztendlich die gesamte EU wieder zu stabilisieren. Diese Maßnahmen wurden in 4 Bereiche unterteilt: stabiler Haushalte, stabile Wirtschaft, stabiler Finanzmarkt und Krisenbewältigungsmechanismen. Ein stabiler Haushalt soll federführend durch den neuen Fiskalvertrag erreicht werden.[55]

[54] Vgl. Duden (2010): Wirtschaft von A bis Z, S.136.

[55] BMF (erstellt: 03'2012): Fiskalvertrag & ESM (FAQ), www.bundesfinanzministerium.de

3.2.1. Vertragsstruktur

Der „Vertrag über Stabilität, Koordinierung und Steuerung in der Wirtschafts- und Währungsunion“[56], umgangssprachlich als Fiskalvertrag bekannt, wurde am 2. März 2012 durch 25 Staats- und Regierungschefs unterzeichnet; somit stimmten 2 Staaten – das Vereinigte Königreich und Tschechien – den neuen europäischen Haushaltsregeln nicht zu.[57] Die ablehnende Haltung des Vereinigten Königreiches ist auch der Grund dafür, warum letztendlich ein zusätzlicher und somit ganz neuer Vertrag geschaffen wurde. Eigentlich wurde angedacht, die bestehenden europäischen Verträge um die o.g. Maßnahmen zu erweitern.[58]

3.2.2. Inkrafttreten

Bevor der Fiskalvertrag allerdings seine Gültigkeit erlangt, müssen die EU-Mitgliedstaaten diesen national ratifizieren lassen. Wenn mindestens 12 von 25 EU-Mitgliedstaaten das Ratifizierungsverfahren positiv abgeschlossen haben, tritt der Fiskalvertrag ab dem Jahre 2013 in Kraft.[59]

Wie die Gesetze zum ESM, wurden auch die Gesetze zum Fiskalvertrag in Deutschland bereits beschlossen. Denn wie schon in Kapitel 2.1.2 erwähnt, erhielt die Bundesregierung im Juni 2012 die dafür notwendige 2/3-Mehrheit im Bundestag und Bundesrat.[60]
Allerdings kann nun das Ratifizierungsverfahren nicht abgeschlossen werden, da hierfür die Unterschriften von unserem Bundespräsidenten (Joachim Gauck) notwendig wären. Dieser wurde vom Bundesverfassungsgericht (BVerfG) in Karlsruhe darum gebeten, die Gesetze zum ESM und Fiskalvertrag jetzt nicht zu unterschreiben, da diverse Klagen gegen diese neuen Gesetze eingereicht wurden und somit eine Überprüfung der entsprechenden Rechtslage vorab erfolgen muss.[61]

60 BMF (erstellt: 06‘2012): Bundestag/-rat stimmen für Fiskalvertrag und ESM, www.bundesfinanzministerium.de

61 BVerfG (erstellt: 07‘2012): Pressemitteilung Nr.47/2012, www.bundesverfassungsgericht.de

Warum nun unser Bundespräsident derzeit tatsächlich nicht unterschreibt, wer genau warum Klage eingereicht hat und wie der derzeitige Verhandlungsstand ist, wird in Unterabschnitt 4.2.1 erläutert.

3.2.3. Zweck

Grundsätzlich soll die Zustimmung der EU-Mitgliedstaaten zum Fiskalvertrag dazu dienen, die WWU zu stärken und wieder zu stabilisieren. Dies soll beispielsweise dadurch erreicht werden, dass die nationale Haushaltspolitik stärker kontrolliert und dadurch beeinflusst wird, dass nur noch ein gesamtstaatliches strukturelles Defizit[62] von 0,5% – gemessen am nominalen Bruttoinlandsprodukt – erlaubt ist.[63] Auch sollen die nationalen wirtschaftspolitischen Vorhaben nun vorab mit den weiteren EU-Mitgliedstaaten abgestimmt werden.[64]
Bereits an diesen 2 Maßnahmen erkennt man, dass durch den Fiskalvertrag die jeweilige nationale Souveränität erheblich eingeschränkt wird und sich dadurch für Deutschland unweigerlich Veränderungen ergeben werden.

3.3. Zusammenhang: Fiskalvertrag und ESM

Wie bereits in Unterkapitel 2.3 erläutert, basiert u.a. der ESM auf dem Fiskalvertrag. Diese Verknüpfung ist durchaus auch so gewollt; denn beispielsweise verfolgt unsere Bundesregierung das europäische Ziel der „veritablen Stabilitätsunion".
Dies bedeutet, dass der ESM nur ein weiterer Schritt zu einer stabilen WWU ist und mit dem Fiskalvertrag die geforderte Solidität und Solidarität innerhalb der EU weiter vertraglich verankert wird.[65]
Zwar sind so nun die Eigenschaften Zuverlässigkeit und Zusammenhalt vertraglich fixiert, aber ob sie dadurch tatsächlich in der EU gelebt werden, ist eher fraglich.

56-59, 62-64 BMF (erstellt: 05'2012): Fiskalvertrag, www.bundesfinanzministerium.de

65 BMF (erstellt: 05'2012): Fiskalvertrag, S.2-3, www.bundesfinanzministerium.de

Denn die EU bzw. Europa ist kein einheitlicher Staat, sondern eine Gemeinschaft; also eine Art Netzwerk.[66] Zwar kann man solch einem Netzwerk nachsagen, dass die Teilnehmer sich gegenüber grundsätzlich zuverlässig sind und zusammenhalten, aber beispielsweise kann man an den unterschiedlichen Meinungen der EU-Mitgliedstaaten hinsichtlich des Fiskalvertrags erkennen, dass sich letztendlich jeder Staat doch selbst am Nächsten ist.

66 Vgl. Bittner (2010): So nicht Europa!, S.117.

4. Auswirkungen für Deutschland

Das BMF beschreibt bereits 2011 in seiner Broschüre „Im Profil – Das Bundesministerium der Finanzen“ (vgl. S.20) die Lage in Europa wie folgt:

> *„Europa wächst immer weiter zusammen. Inzwischen ist die Europäische Union mit 500 Millionen Bürgerinnen und Bürgern der größte einheitliche Markt der industrialisierten Welt. Dieser erfordert eine enge Abstimmung zwischen den Mitgliedstaaten, sodass immer mehr finanz- und wirtschaftspolitische Entscheidungen in Brüssel getroffen werden.“*

Wie haben wir diese Aussage zu verstehen? Können wir Deutschen davon ausgehen, dass bereits Anfang 2011 seitens unserer Bundesregierung eine Fiskalunion verfolgt wurde? Oder ist dieses Ziel grundsätzlich das deutsche Ziel innerhalb der EU-Gemeinschaft? Seit wann unsere Bundesregierung eine Fiskalunion wünscht, können wir wohl nicht mehr nachvollziehen; denn dass diese leider nicht immer all ihre Pläne und Absichten offenlegt, ist allgemein bekannt.

Mit welchen positiven bzw. negativen Auswirkungen Deutschland zu rechnen hat, wenn sich die nationale Fiskalpolitik tatsächlich zu einer europäischen Fiskalunion entwickelt und zusätzlich der ESM als dauerhaftes und nicht temporäres Instrument zur Verfügung steht, wird in den folgenden 2 Unterkapiteln dargestellt. Da der ESM und der Fiskalvertrag eng miteinander verbunden sind, entstehen die meisten hier genannten Auswirkungen für Deutschland gleichermaßen durch diese europäischen Maßnahmen.

4.1. Positive Auswirkungen

Unsere Bundesregierung sieht es als unabdingbar an, sowohl den ESM als auch den Fiskalpakt in Deutschland umzusetzen; denn speziell das BMF sieht die Situation folgendermaßen:

> *„Globalisierung heißt für Deutschland besonders Europäisierung – gerade in der Politik. Die wachsende Bedeutung Europas beeinflusst immer stärker die traditionelle fachliche Politik (...).“*[67]

Das unsere Bundeskanzlerin – aufbauend auf diese deutsche Grundeinstellung – ihrem harten EU-Sparkurs in den vergangenen Monaten fast immer strikt gefolgt ist, hat durchaus auch positive Auswirkungen für Deutschland mit sich gebracht.

4.1.1. Nationales Reformprogramm

Mit dem im Jahre 2010 – durch die Staats- und Regierungschefs der EU – verabschiedeten „Europa 2020" Programm, wurde für die kommenden 10 Jahre eine neue Wachstumsstrategie entwickelt. Mit diesem Programm wird das Ziel verfolgt, eine „intelligente, nachhaltige und integrative Wirtschaft für Europa"[68] zu entwickeln. Auch ist hier vorgesehen, dass alle EU-Mitgliedstaaten aufbauend auf diesem Programm, eigene nationale Wachstumsstrategien entwickeln und umsetzen.[69]

Da sich allerdings parallel die Staatsschuldenkrise entwickelt hat, haben sich die gemeinsamen europäischen Prioritäten sowie einzelne nationale Vorkehrungen verändert.

Trotzdem hat Deutschland bereits Anfang 2011 diese Anforderungen umgesetzt und das „Nationale Reformprogramm Deutschland 2011"[70] beschlossen. Unter anderem wird sich bereits hier auf einen stabilen Finanzsektor, eine hohe Arbeitsbeschäftigung sowie einen starken Wettbewerb fokussiert.[71] Bereits hiermit wird deutlich, dass wir Deutschen von europäischen Programmen durchaus profitieren.

[67] Vgl. BMF (2011), Flyer „Europapolitik im Bundesministerium der Finanzen".

[68-69] Europäische Kommission (erstellt: 07'2012): Europa 2020, http://ec.europa.eu

[70-71] BR (erstellt: 04'2011): Nat. Reformprog. f. D beschlossen, www.bundesregierung.de

Natürlich braucht unsere Bundesregierung kein „Europa 2020“ Programm um ein eigenes Reformprogramm zu beschließen, allerdings werden die nationalen Maßnahmen im europäischen und internationalen Wirtschaftsraum eher anerkannt, wenn diese auf einem hochwertigeren Programm aufbauen. Weiterhin ist das deutsche Reformprogramm quasi ein Beweis dafür, dass unsere Bundesregierung nicht nur abstrakte Politik betreibt, sondern auch an uns – das deutsche Volk – denkt. Zusätzlich können wir derzeit davon ausgehen, dass solche nationalen Programme zukünftig bestehen bleiben bzw. weiterhin auf nationaler Ebene beschlossen werden; auch wenn beispielsweise das Ziel „Fiskalunion“ erreicht wird.

4.1.2. Europäisches Ansehen

Bereits Anfang 2011 wurde beim Eurozonen-Gipfel in Brüssel über den ESM verhandelt.[72] Alle zu dieser Zeit zentralen Anliegen unserer Bundesregierung wurden in dieser Verhandlung berücksichtigt.[73]

Dies bringt nicht nur die Verhandlungsstärke von Deutschland innerhalb der EU zum Ausdruck, sondern macht auch deutlich, dass die Meinung und Vorgehensweise von Deutschland von vielen anderen EU-Mitgliedstaaten geschätzt und für richtig empfunden wird.

Dieses hohe Ansehen innerhalb der EU-Gemeinschaft, ist nicht nur für die Bundesregierung selber, sondern auch für uns Deutsche, von Vorteil. Beispielsweise kann man dies daran erkennen, dass auch der Einsatz unserer beruflichen Leistungen und Fähigkeiten im Ausland erwünscht ist und hoch anerkannt wird; selbst einzelne deutsche Meinungen und Vorgehensweisen sind erwünscht.

72 Consilium (erstellt: 11‘2011): Erklärung d. Euro-Gipfels, http://www.consilium.europa.eu

73 BMF (erstellt: 03‘2011): Eurozone stärkt gem. Währung, www.bundesfinanzministerium.de

4.1.3. Internationale Anerkennung

Auch im Jahre 2012 genießt Deutschland – speziell die Bundesregierung mit Angela Merkel an der Spitze – eine hohe internationale Anerkennung. Unter anderem beschreibt Weltbankpräsident Robert Zoellick in seinem Interview mit der Zeitschrift „Der Spiegel" (Nr.25/18.6.12, S.68) die Rolle Deutschlands innerhalb der EU bzw. die Person Angela Merkel wie folgt:

> *„Berlin muss die Entwicklung zu einem wirklich vereinten Europa steuern. (...) Außerdem hagelt es gleich Kritik, wenn Deutschland entschlossen voranprescht. Aber Berlin darf sich davon nicht abhalten lassen."*
> *„(...) Ich kenne sie (...) und halte sie für hochintelligent. Sie hat ein hervorragendes Gespür dafür, was die deutsche Öffentlichkeit will."*

Aber nicht nur der Weltbankpräsident, sondern auch beispielsweise der IWF ist von Deutschland weiterhin überzeugt. Das BMF gibt am 03.07.2012 auf ihrer Homepage bekannt, dass der IWF in seinem „Public Information Notice"[74] die wirtschaftliche und finanzielle Lage Deutschlands lobt und dies damit begründe, dass sich Deutschland im vergangenen Jahr wirtschaftlich gut weiterentwickelt und somit dazu beigetragen habe, die finanziellen Schwierigkeiten einzelner EU-Mitgliedstaaten mit auszugleichen. Der IWF bezieht sich hierbei auf den jährlich abzugebenden „Bericht zur Wirtschafts- und Finanzanlage in Deutschland"[75]. Allerdings gibt wohl der IWF auch zu bedenken, dass sich Deutschland nicht ausruhen dürfe, sondern weiterhin an seinem Wachstumspotenzial arbeiten müsse.[76]

Somit könnten wir Deutschen doch eigentlich beruhigt sein, dass Deutschland beispielsweise den finanziellen Verpflichtungen aus dem ESM-Vertrag ohne Probleme nachkommen kann. Aber ist das tatsächlich so? Eigentlich kann es doch gar nicht sein, dass Deutschland so viel Geld übrig hat, oder? Tatsächlich wirken sich u.a. die Zahlungen an den ESM negativ auf Deutschland und unsere nationale Haushaltspolitik aus (vgl. Unterabschnitt 4.2.3).

[74-76] BMF (erstellt: 07'2012): IWF – Exekutivdirektorium schließt Artikel-IV-Kon.2012 mit D ab, www.bundesfinanzministerium.de

4.1.4. AAA-Rating

Auf dem Weltmarkt gibt es unabhängige Unternehmen, die sich damit beschäftigen, andere Unternehmen sowie den Staat auf ihre Kreditwürdigkeit hin zu überprüfen.

Federführend sind hier die 3 US-Unternehmen „Standard & Poor's", „Moody's" und „Fitch" zu nennen, deren Erläuterungen und Informationen auf dem Weltmarkt von hoher Bedeutung sind.[77] Grundsätzlich werden die Prüfungsergebnisse in einer Buchstabenkombination zusammengefasst; diese reicht von AAA (= sehr gute Zahlungsfähigkeit) bis hin zu D (= zahlungsunfähig) und ist mittlerweile im Wirtschafts- und Finanzleben allgemein bekannt. Wenn daher „Standard & Poor's", wie beispielsweise Anfang 2012, den EFSF auf AA+ abstuft, bringt dies Unruhen auf dem Weltmarkt mit sich. Sie begründeten die Herabstufung übrigens damit, dass zu- vor 9 EU-Mitgliedstaaten – die u.a. für die finanzielle Ausstattung des EFSF verantwortlich sind – herabgestuft wurden. Somit sei eine optimale Kreditwürdigkeit des EFSF nicht mehr gegeben.[78]

Warum ist dies nun positiv für Deutschland? Dass diverse EU-Mitgliedstaaten herabgestuft werden, ist natürlich nicht positiv, allerdings gehört Deutschland noch zu den wenigen Ländern innerhalb der EU, die weiterhin ein AAA-Rating aufweisen können. Dies wiederrum macht deutlich, dass trotz der europäischen Schwierigkeiten, Deutschland wirtschaftlich und finanziell abgesichert ist. Sollte uns Deutschen dies kein Vertrauen für unser Land geben?

Zusätzlich muss an dieser Stelle aber auch erwähnt werden, dass am 25.07.2012 in der „Tagesschau" der ARD darüber berichtet wurde, dass „Moody's" den Ausblick für Deutschland als negativ einstuft.[79]

77 Handelsblatt (erstellt: 07'2012): S&P, Moody's, Fitch – Studien belegen Willkür der Ratingagenturen, www.handelsblatt.com

78 Stern (erstellt: 01'2012): EFSF-Herabstufung: Zahlt D jetzt die Zeche?, www.stern.de

79 Tagesschau (erstellt: 07'2012): Ratingagentur Moody's - D muss um Top-Bonität fürchten, www.tagesschau.de

Dies ist zwar nur eine negative Prognose, aber bereits solch eine Einschätzung bringt Unruhen in Europa und Deutschland mit sich. Allerdings herrscht bei solch einem brisanten Thema Uneinigkeit unter den 3 führenden Ratingagenturen.[80] Denn „Standard & Poor's" bewertet die Kreditwürdigkeit von Deutschland weiterhin mit der Bestnote AAA und begründet dies folgendermaßen:

> *„Unserer Meinung nach hat Deutschland eine breit aufgestellte und wettbewerbsfähige Wirtschaft, die die Fähigkeit bewiesen hat, schwere wirtschaftliche und finanzielle Schocks zu verkraften."*[81]

Diese Uneinigkeiten lassen den Ruf nach einer unabhängigen europäischen Ratingagentur nachvollziehbarer erscheinen. Auf europäischer und nationaler Ebene sind sich zu diesem Thema fast alle Politiker einig. Bis aber tatsächlich solch eine Ratingagentur gegründet werden kann, müssen wohl noch viele Hürden genommen werden; die allerdings an dieser Stelle nicht weiter erläutert werden sollen.[82]

4.1.5. Perspektive für Deutschland

Wenn wir mal ganz ehrlich sind, geht es uns Deutschen doch eigentlich recht gut. In Deutschland zu leben hat viele Vorteile; nicht nur das wir eine der führenden Industrienationen sind, zusätzlich gibt es auch eine sehr gute Sozialstruktur. Viele Dinge – beispielsweise die Möglichkeit, befristet Arbeitslosengeld zu beziehen – nehmen wir mittlerweile als selbstverständlich hin.

Allerdings kann allgemein beobachtet werden, dass wir Deutschen den europäischen Ereignissen eher pessimistisch gegenüber treten. Wie beispielsweise die Autoren Rürup und Heilmann in ihrem diesjährig erschienenen Buch bereits erläutert haben, sind wir Deutschen tendenziell „Schwarzseher", die zu viel Angst haben und daher unüberlegt handeln (vgl. Einleitung, S.1).

80 Vgl. Die Welt (03.08.2012): S&P gibt Deutschland Bestnoten, S.9.

81 Die Welt (03.08.2012): S&P gibt Deutschland Bestnoten, S.9.

82 Welt (erstellt: 04'2012): Europäische Ratingagentur steht vor d. Gründung, www.welt.de

Aber ist diese Haltung wirklich notwendig? Wohl eher nicht. Natürlich müssen die im folgenden Unterkapitel dargestellten negativen Auswirkungen ernst genommen werden, aber noch geht es Deutschland als EU-Mitgliedstaat und uns Deutschen als Europäer sehr gut. Denn wie beispielsweise die aktuellen Einschätzungen der Ratingagenturen zeigen, kann ein und dieselbe Situation unterschiedlich bewertet werden.

4.2. Negative Auswirkungen

Grundsätzlich ist die Idee „Europäische Union" gut. Aber ist sie auch noch zeitgemäß? Wie bereits Werner Weidenfeld 2010 in seinem Buch „Die Europäische Union" anmerkte, wurde zwar mehrfach versucht, die vertraglichen und wirtschaftlichen Strukturen der EU an die immer größer werdende Gemeinschaft anzupassen, aber so stark wie die EU in den 50er Jahren mit 6 Mitgliedsstaaten anfing, stellt sich die heutige EU-Gemeinschaft mit 27 Mitgliedstaaten nicht mehr da; besonders das europäische Vertragswerk spiegelt nicht mehr alle nationalen Bedürfnisse wieder. Daher stimmen folgende Aussagen von Werner Weidenfeld leider noch heute:

> *„Der Handlungsdruck, dem sich Europa und die Europäische Union ausgesetzt sehen, ist immens"*[83]

> *„Europa ist strategisch verwirrt. Wäre die Perspektive klarer, dann hätte die Europäische Union sofort eine präzise Antwort auf die Finanzkrise gegeben, die im Herbst 2008 begonnen hat."*[84]

Jeder EU-Mitgliedstaat ist zwar ein Teil der EU-Gemeinschaft, allerdings ist auch weiterhin jeder Staat für sich eine eigene Nation; somit hat zusätzlich bzw. in erster Linie jeder Staat eigene Verträge und Gesetze.

83 Vgl. Weidenfeld (2010): Die Europäische Union, S.207.

84 Weidenfeld (2010): Die Europäische Union, S.213.

4.2.1. Grundgesetz versus Europa

Im „Grundgesetz für die Bundesrepublik Deutschland (GG)“ wird das deutsche Volk in der Präambel folgendermaßen beschrieben:

> *„Im Bewußtsein seiner Verantwortung vor Gott und den Menschen, von dem Willen beseelt, als gleichberechtigtes Glied in einem vereinten Europa dem Frieden der Welt zu dienen, hat sich das Deutsche Volk kraft seiner verfassungsgebenden Gewalt dieses Grundgesetz gegeben.“*

Weiterhin wird in Artikel 20 (2) erläutert:

> *„ Alle Staatsgewalt geht vom Volke aus. Sie wird vom Volke in Wahlen und Abstimmungen (...) ausgeübt.“*

Und genau diese Gesetzestexte spalten derzeit unsere Bundesregierung und das deutsche Volk. Denn nicht alle Politiker – wie beispielsweise die Linken[85] – sowie diverse deutsche Bürgerbündnisse[86] sind davon überzeugt, dass die Vorgehensweise zur Einführung des ESM und des Fiskalvertrags mit unserem Grundgesetz vereinbar sind.

Die Gegner der neuen europäischen Maßnahmen haben daher per Eilantrag am 30.06.2012 Klage beim Bundesverfassungsgericht (BVerfG) in Karlsruhe eingereicht;[87] hierbei beziehen sie sich u.a. auf Artikel 20 des GG und sind der Meinung, dass vor der Einführung von ESM und Fiskalvertrag das Volk befragt werden muss.[88] Die Bundesregierung beruft sich allerdings auf die Präambel des GG und meint daher, dass eine Volksabstimmung nicht notwendig sei.[89]

[85, 87] Focus (erstellt: 06‘2012): Eilanträge gegen Fiskalpakt und ESM, www.focus.de

[86] Bürgerbündnis (erstellt: 06‘2012): Verfassungsbeschwerde, www.mehr-demokratie.de

[88] BVerfG (erstellt: 07‘2012): P-Mitteil. Nr.47/2012, www.bundesverfassungsgericht.de

[89] BR (erstellt: 12‘2011): Mitschrift Pressekonferenz, www.bundesregierung.de

Das Vorhaben von unserer Bundeskanzlerin ist somit aber erst einmal gestoppt; denn das BVerfG überprüft im ersten Schritt nun, ob unser Bundespräsident die Gesetze zum ESM und Fiskalvertrag unterschreiben darf und somit das notwendige nationale Ratifizierungsverfahren abgeschlossen werden kann. Im weiteren Verlauf wird dann entschieden, ob das deutsche Volk über die Einführung von ESM und Fiskalvertrag abstimmen darf und muss.[90]

Dieses nun laufende Gerichtsverfahren stellt kein stabiles und vereintes Deutschland dar. Überspitzt könnte man sagen, dass die europäischen Schwierigkeiten nun zu unseren deutschen politischen Unruhen geführt haben. Denn wie sollen wir Deutschen unserer Bundesregierung vertrauen, wenn sie sich bei solchen fundamentalen Themen nicht einig ist und letztendlich das BVerfG entscheiden muss.
Auf das Gerichtsurteil muss wohl noch einige Wochen gewartet werden. Aber egal wie es ausfallen wird, weitere Unruhen wird es geben; entweder auf europäischer oder auf nationaler Ebene. Denn beispielsweise ist bereits jetzt Angela Merkel mit dem Verhalten des BVerfG nicht einverstanden und wird daher in der Zeitschrift „Der Spiegel“ (Nr.28/9.7.12, S.20) folgendermaßen zitiert:

> *„ Wie solle sie denn, bitte, vernünftige Politik machen, wenn sie vor jedem Treffen mit einem europäischen Staatschef, die Verhandlungslinie offenlegen müsse? Das führt mich an meine Grenzen, (...).“*

Wenn es tatsächlich zu einer Volksabstimmung in Deutschland kommen sollte, dann würde sich beispielsweise die Inkraftsetzung des ESM wohl weiterhin verzögern; mögliche finanzielle Hilfen für EU-Mitgliedstaaten wären nur über den EFSF möglich. Solch ein politisches Drama würde weitere Unruhen auf europäischer Ebene mit sich bringen; Deutschland würde mehr und mehr das Gesicht verlieren.

90 BVerfG (erstellt: 07‘2012): P-Mitteil. Nr.47/2012, www.bundesverfassungsgericht.de

4.2.2. Souveränitätsverzicht

Ist es tatsächlich möglich, dass Deutschland auf einen Teil der eigenen Souveränität verzichten wird? Diese Frage stellen sich derzeit wohl viele Deutsche.

Nun wissen wir aber, dass jegliches politische Handeln und Tun – egal ob national, europäisch oder international ausgerichtet – mit unserem Grundgesetz vereinbar sein muss. Aber warum vertritt dann unsere jetzige Bundesregierung so klar die Meinung, dass eine Fiskalunion unumgänglich sei? Dem ersten Anschein nach, bringt doch eine Fiskalunion auch einen nationalen Souveränitätsverzicht mit sich. Aber genau dies ist wohl so gewollt, denn beispielsweise erklärte unser Bundesfinanzminister in einem Interview mit der Zeitschrift „Der Spiegel" die europäische Situation folgendermaßen:

> *„(...) Wir brauchen mehr Europa und nicht weniger. (...) Bislang haben die Mitgliedstaaten in Europa fast immer das letzte Wort. Das kann so nicht bleiben. Wir müssen in wichtigen Politikbereichen mehr Kompetenzen nach Brüssel verlagern, ohne dass jeder Nationalstaat die Entscheidungen blockieren kann. (...)"*[91]

Auch unsere Bundeskanzlerin beschreibt die europäische und damit auch deutsche Situation wie folgt:

> *„(...) wir brauchen auch eine sogenannte Fiskalunion, also mehr gemeinsame Haushaltspolitik. Und wir brauchen vor allem eine politische Union. (...) Wir müssen Schritt für Schritt auch Kompetenzen an Europa abgeben."*[92]

Allerdings sind nicht alle Politiker dieser Meinung; denn beispielsweise würde Horst Seehofer (amtierender CSU-Chef) im Notfall einen Koalitionsbruch in Kauf nehmen, um somit zu verhindern, dass unser Grundgesetz verändert und damit die deutsche Souveränität geschmälert würde.[93]

[91] BMF (erstellt: 06'2012): Perfekte Lösungen brauchen lange, www.bundesfinanzministerium.de

[92] Tagesschau (erstellt: 06'2012): Merkel setzt auf pol. Einheit Europas, www.tagesschau.de

[93] Vgl. Stern (Nr.28, 2012): „Hände weg vom Grundgesetz", S.38-40.

Politische Uneinigkeiten sind durchaus üblich, dass sich aber die Bundesregierung untereinander so uneinig ist und sogar schon die politische Verbindung der Schwesterparteien CDU und CSU offiziell in Frage gestellt wird, ist eher ungewöhnlich und bringt große Risiken mit sich.

Wie soll bzw. wird sich Deutschland so politisch weiterentwickeln? Werden wir Deutschen tatsächlich immer mehr zu Europäern? Wollen wir auf die deutsche Souveränität verzichten und dafür immer mehr die europäischen Freiheiten genießen? Diese Fragen sollten wir uns alle vor der nächsten Bundestagswahl persönlich beantwortet haben.

4.2.3. Steigende Nettokreditaufnahme

Deutschland hat noch immer mit den Folgen des 2. Weltkrieges zu kämpfen (vgl. Unterabschnitt 2.1.3); allerdings muss ehrlicherweise auch angebracht werden, dass wir Deutschen in vielen politischen Situationen noch immer nicht selbstbewusst genug auftreten, so dass wir uns von unserem Trauma[94] nicht befreien können.
Dieses Phänomen hat beispielsweise auch der Autor Hans-Peter Martin in seinem Buch „Die Europafalle“ aufgenommen und umschreibt diese deutsche Situation als „Das teure Tabu der Deutschen“.

Er meint damit, dass wir Deutschen in der EU-Gemeinschaft immer hoch angesehen sein wollen und dafür einen hohen Preis zahlen wollen und müssen. Beispielsweise sind hier die Verhandlungen zum „EU-Finanzrahmen für die Jahre 2007 bis 2013“[95] sowie ganz aktuell die finanzielle Ausstattung des ESM zu nennen. Auffällig ist, dass zu Beginn solcher Verhandlungen i.d.R. Deutschland einen harten Sparkurs verfolgt und am Ende finanzielle Zugeständnisse macht.

94 Vgl. Martin (2009): Die Europafalle, S.155.
95 Vgl. Martin (2009): Die Europafalle, S.160.

Und genau diese Zugeständnisse wirken sich negativ auf unsere nationale Haushaltspolitik und ganz konkret auf die Nettokreditaufnahme aus. Zwar beschreibt das BMF Anfang Juli 2012 unsere finanzielle Situation als

> *„(...) erfolgreiche, auf finanzpolitische Stabilität ausgerichtete Politik der wachstumsfreundlichen Defizitreduzierung (...)",*[96]

erklärt aber gleichzeitig:

> *„(...) die aus der jüngsten Steuerschätzung resultierenden Mehreinnahmen werden genutzt, um die Nettokreditaufnahme weiter zu senken."*[97]

Wie man zusätzlich der Abbildung 4 entnehmen kann, erhöht sich die Nettokreditaufnahme – bedingt durch die sehr hohen und verfrühten ESM-Einzahlungsverpflichtungen i.H.v. 8,7 Mrd. € – im Jahre 2013 von 10,1 Mrd. € auf 18,8 Mrd. €. Zwar erläutert das BMF auch, dass durch die fortgesetzte Konsolidierung im Bundeshaushalt 13,3 Mrd. € in Summe gespart werden konnten und daher trotz der Mehrbelastung die finanzielle Verschuldung gesenkt werden konnte,[98] aber trotz alledem erhöht sich unsere nationale Nettokreditaufnahme durch den ESM um ca. 46%. Und dies ist ein enorm hoher europäischer Anteil in einer nationalen Haushaltspolitik.

[96-97] BMF (erstellt: 06'2012): Pressemitteilung Nr.29, www.bundesfinanzministerium.de

[98] BMF (erstellt: 07'2012): Regierungsentwurf, www.bundesfinanzministerium.de

Abb. 4: Nettokreditaufnahme mit und ohne ESM-Anteilen

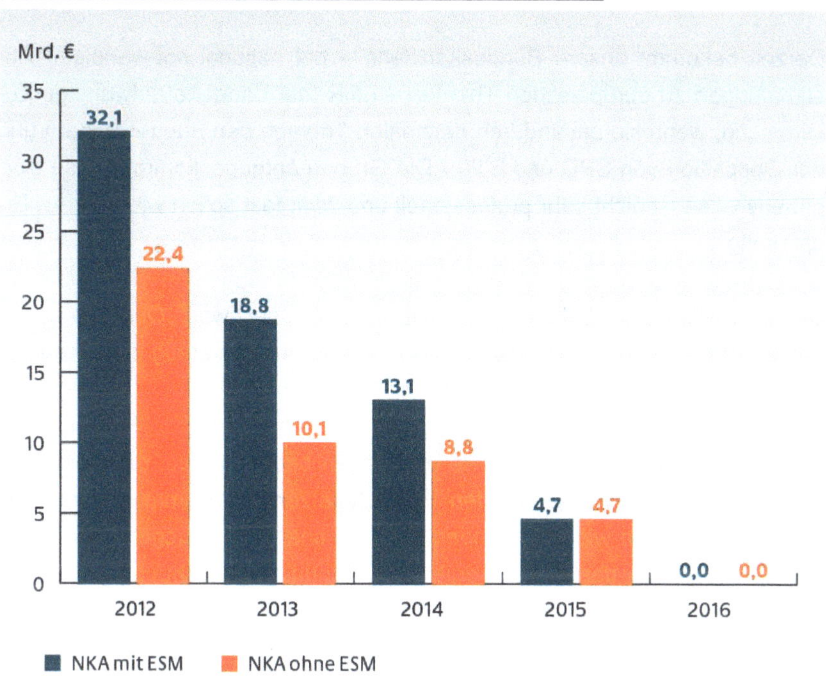

Quelle: BMF (erstellt: 06‘2012): Pressemitteilung Nr.29, www.bundesfinanzministerium.de

Und wie wirkt sich dies nun auf jeden Einzelnen von uns aus? Leider denken wir Deutschen oftmals direkt an diverse Steuererhöhungen; leider werden diese Annahmen – beispielsweise durch die o.g. Aussage des BMF – bestätigt. Ob wir tatsächlich – quasi persönlich – für den ESM zahlen müssen, bleibt abzuwarten. Denn eine gute Finanzplanung bedeutet nicht automatisch, dass diese Planung auch tatsächlich so umgesetzt wird.

4.2.4. Quid pro quo

Derzeit bekommt unsere Bundeskanzlerin – bei national not-wendigen Abstimmungen zu europäischen Themen – i.d.R. nur dann die notwendige Zustimmung, wenn sie bei anderen nationalen Themen den Bundesländern und der Opposition von SPD und B'90 / Die Grünen entgegenkommt. Diese Vorgehensweise ist nicht sehr professionell und wirkt fast schon wie eine Art Erpressung.

Dieses politische Verhalten könnte mit dem lat. Sprichwort *„Quid pro quo"*[99] umschrieben werden, das besagt, dass jemand nur dann tätig wird, wenn er dafür eine Gegenleistung erhält.[100]

Auf die politische Vorgehensweise übertragen bedeutet dies, dass die Bundesländer beispielsweise nur den ESM-Gesetzen zugestimmt haben, weil Angela Merkel den widerstrebenden Ländern finanziell entgegen gekommen ist. Denn seitens der Bundesregierung ist nun angedacht, dass etwaige Strafzahlungen seitens der Bundesländer an die EU-Gemeinschaft, in Zukunft durch die Bundesregierung übernommen werden soll.[101]
Weiterhin ist Angela Merkel – bei den Verhandlungen mit der Opposition – von ihrem nationalen Sparkurs in dem Sinne abgewichen, dass sie sowohl der Einführung einer Finanztransaktionssteuer als auch einem Wachstumskurs zugestimmt hat;[102] somit kann auch hier von einer Gegenleistung gesprochen werden.

Diese Zugeständnisse wirken, wie bereits erwähnt, nicht sehr professionell und könnten daher eventuell dazu führen, dass sowohl national als international, die Vorgehensweise unserer Bundesregierung hinterfragt wird.

99-100 Leo.org: Suchbegriff „Quid pro quo", Stand: 28.07.2012, http://dict.leo.org

101 Vgl. Spiegel (Nr. 26, 2012): Merkels Geschenk für die Länder, S.13.

102 Tagesschau.de (erstellt: 06'2012): Einigung beim Fiskalpakt, www.tagesschau.de

4.2.5. Deutschland verliert Führungsrolle

Die ursprünglichen Vorhaben unserer Bundesregierung und speziell der strikte Sparkurs unserer Bundeskanzlerin sind in der EU-Gemeinschaft so nicht mehr durchsetzbar. Nicht nur, dass Angela Merkel mit dem Regierungswechsel in Frankreich ihren Verbündeten verloren hat,[103] nun verfolgen auch beispielsweise die Vertreter von Spanien und Italien andere Ziele.[104]

Als bezeichnend ist hier das Ergebnis des EU-Gipfels Ende Juni 2012 in Brüssel zu nennen. Beispielsweise wird nun bis Ende des Jahres 2012 ein Vorschlag erarbeitet, um dem ESM die Möglichkeit zu geben, auf direktem Wege auch in finanziell notgeratene Banken zu unterstützen. Weiterhin wurde sich bereits auf einen Wachstumspakt mit einem Volumen von 120 Mrd. € geeinigt.[105] Diese Beispiele machen deutlich, dass sich der ursprüngliche deutsche Sparkurs in den Ergebnissen des jüngsten EU-Gipfels nicht wiederfindet.

Ob sich diese finanziellen Zugeständnisse wiederrum auf die deutsche Haushaltspolitik auswirken werden, ist noch nicht absehbar. Auch ist fraglich, wie sich die generelle deutsche Position innerhalb der EU-Gemeinschaft entwickelt. Es wird wohl eher nicht dazu kommen, dass Deutschland mit seinen Absichten nicht mehr ernst genommen wird; aber die letzten Wochen und Monate haben gezeigt, dass man eine vermeintlich starke Position nicht ewig inne hat.

Auch dies ist ein Indiz dafür, dass wir Deutschen uns zunehmend damit anfreunden sollten, auch Europäer zu sein. Denn wenn unsere Bundesregierung auf europäischer Ebene immer mehr Zugeständnisse machen muss, werden die zukünftigen EU-Maßnahmen nicht mehr so deutschlastig sein wie bisher.

[103] Vgl. Spiegel (Nr.21, 2012): Hollande bleibt hart, S.15.

[104] Spiegel (erstellt: 06'2012): Die Nacht, in der Merkel verlor, www.spiegel.de

[105] Vgl. Kölner Stadt-Anzeiger (Nr.150, 2012): Sich bewegen, ohne umzufallen, S.2.

4.2.6. Perspektive für Deutschland

Das sich die bestehende Staatsschuldenkrise nicht zu einer Euro-Krise oder sogar EU-Krise entwickelt, dafür setzt sich u.a. unsere Bundesregierung zielstrebig ein. Dass aber zusätzlich eine Vertrauenskrise[106] entstanden ist, beunruhigt viele unserer Politiker leider nicht so sehr.[107] Aber auch damit sollten sie sich beschäftigen. Denn bereits seit langem wird durch die europäischen Staats- und Regierungschefs ein Wir- und Einheitsgefühl[108] unter den Europäern gewünscht. Allerdings können wir Europäer in der täglichen Presse verfolgen, dass sich selbst bei solch einem brisanten Thema wie die Bewältigung der Staatsschuldenkrise die einzelnen EU-Mitgliedstaaten untereinander nicht einig sind. Wie sollen denn dann wir Europäer zu einer Einheit werden, wenn es unsere europäischen Politiker schon nicht können?

Speziell für uns Deutsche bringt die EU-Gemeinschaft diverse Vorteile mit sich. Beispielsweise hat sich das Angebot an Arbeitsplätzen erweitert und im Vergleich zu anderen EU-Mitgliedstaaten weisen wir einen sehr hohen Lebensstandard auf.[109] Aber diese Vorteile reichen scheinbar nicht aus, um aus uns Deutschen auch vertrauensvolle Europäer zu machen. Wie kann nun unsere Bundesregierung für ein vereintes Europa plädieren, ohne aber das deutsche Volk hinter sich zu haben? Ob sich unsere Bundesregierung diesem Thema auch einmal stärker annehmen wird, bleibt zu hoffen.

Natürlich gibt es weiterhin auch noch den Staat Deutschland. Aber hier müssen wir Deutschen mit ansehen, wie sich unsere Bundesregierung immer mehr spaltet. Dass sich die einzelnen Parteien untereinander nicht immer einig sind, gehört quasi zum täglichen politischen Geschäft. Aber das bei deren Verhandlungen bereits Erpressung mit im Spiel ist (vgl. Unterabschnitt 4.2.4), wirft kein gutes Licht auf unsere Bundesregierung.

[106] Vgl. Wirsching (2006): Wächst Europa zusammen?, S.408.
[107] BMF (erstellt: 07'2012): Podcast Nr.32, www.bundesfinanzministerium.de
[108] Vgl. von Arnim (2006): Das Euro-Komplott, S.42.
[109] Vgl. Kölner Stadt-Anzeiger (Nr.150, 2012): Wir sind uns fremd geworden, S.2.

Weiterhin erläutert beispielsweise die Zeitschrift „Der Spiegel" (Nr.23/4.6.12, S.40-41), dass sich die Opposition auf die politische Seite des französischen Sozialdemokraten (neuer Regierungschefs) geschlagen hat. Ist diese Haltung tatsächlich politisch geprägt, oder wird – egal mit welchen Mitteln – einfach nur gegen Angela Merkel gearbeitet?

Zusätzlich ist es eventuell möglich, dass unser Grundgesetzverändert wird um somit die Gesetze zum ESM und Fiskalvertrag tatsächlich umsetzen zu können. Somit würde Deutschland ein Stück weit europäischer werden. Wollen wir Deutschen solch eine Veränderung? Diese Frage sollte sich jeder beantworten können?

5. Ausblick für die Europäische Union

Für unsere Bundesregierung sowie die weiteren Staats- und Regierungschefs der EU ist die langfristige Stabilisierung der WWU ein wichtiges Anliegen; daher wird zur Zeit fast täglich über deren Vorhaben und Verhandlungen berichtet. Ob sich mit den zur Zeit zur Verfügung stehenden europäischen Mechanismen die Staatsschuldenkrise tatsächlich eindämmen lässt und somit eine Euro-Krise bzw. eine EU-Krise vermieden werden kann, ist leider noch nicht absehbar. Denn es ergeben sich leider fast täglich neue negative europäische Ereignisse. Nach Griechenland, Portugal und Irland[110] muss nun auch Spanien[111] finanziell unterstützt werden; weitere EU-Mitgliedstaaten werden wohl noch folgen. Eine stabile WWU ist derzeit leider noch nicht in Sicht.

Durch diese Notwendigkeiten werden sich wohl wiederrum diverse Auswirkungen für Deutschland ergeben. Die hier dargestellten Fakten zum ESM und dem Fiskalpakt, sowie den daraus resultierenden Auswirkungen für Deutschland, basieren auf den derzeit vorliegenden Informationen. Wie sich allerdings die Ergebnisse der noch ausstehenden Verhandlungen – sowohl auf europäischer als auch nationaler Ebene – auswirken werden, kann an dieser Stelle nicht prognostiziert werden.

Zusätzlich ist anzumerken, dass die hier dargestellten Auswirkungen durchaus auch einen subjektiven Charakter aufweisen können. Abhängig von der eigenen privaten Einstellung bzw. der beruflichen Situation, können wir Deutschen der europäischen Zukunft entweder eher optimistisch oder aber auch pessimistisch gegenüber stehen.

Diese durchaus menschlichen und damit natürlichen Vorgehensweisen, wurden beispielsweise bereits in der Einführung der Beck-Texte zum Europa-Recht (vgl. XVII. Ausblick) aufgeführt:

110 BMF (erstellt: 05‘2012): EFSF, www.bundesfinanzministerium.de

111 Süddt. (erstellt: 06‘2012): Spanien braucht bis zu 62 Mrd. €, www.sueddeutsche.de

„Auch wenn in Europa nicht alles so funktioniert, wie man es sich wünscht, so darf man von der Europäischen Union doch auch nicht erwarten, besser zu sein als die sie tragenden Staaten und Menschen."

Aus diesem Zitat können wir Europäer entnehmen, dass wir zwar auf eine mit Gesetzen und Verfassungen basierende europäische Zukunft aufbauen können, aber die gesamte EU letztendlich auch nur ein Konstrukt aus individuellen Menschen ist. Inwieweit sich diese EU-Gemeinschaft in der Zukunft noch entwickeln wird – ob wir also tatsächlich irgendwann ein Europa werden oder aber weiterhin eine EU-Gemeinschaft aus unterschiedlichen EU-Mitgliedstaaten bilden – kann im Jahre 2012 nicht vorhergesehen werden.

Festzuhalten ist allerdings weiterhin, dass unsere Bundesregierung das Ziel „veritable Stabilitätsunion"[112] entschieden verfolgt. Es ist daher anzunehmen, dass die Gesetze zum ESM oder Fiskalvertrag nur weitere Schritte sind, um aus derzeit 27 relativ unabhängigen EU-Mitgliedstaaten ein tatsächlich gemeinsames Europa zu machen. Aber was ist mit einer veritablen Stabilitätsunion denn tatsächlich gemeint? Werden wir auch hier – wie bei der Einführung der €-Währung – vor vollendete Tatsachen gestellt? Klar ist, dass nicht nur unsere Bundeskanzlerin dieses Ziel verfolgt (vgl. Unterabschnitt 4.2.2), sondern beispielsweise auch unser Bundesfinanzminister dieses Thema regelmäßig umschreibt. Er weist beispielsweise immer wieder auf die „wirtschaftliche Einheit Europas"[113] hin und erläutert regelmäßig, dass dafür „solide Staatsfinanzen"[114] und ein „nachhaltiges Wachstum"[115] notwendig seien.

Die Bundesregierung ist sich zwar dessen bewusst, dass diese Haltung mit Zweifeln beim deutschen Volk verbunden ist, nimmt diese aber offensichtlich auf dem Weg – hin zu einem wahrhaften und echten Europa – in Kauf.[116]

[112] BMF (erstellt: 05'2012): Fiskalvertrag, www.bundesfinanzministerium.de

[113-116] BMF (erstellt: 07'2012): Podcast Nr.32, www.bundesfinanzministerium.de

6. Zusammenfassung

Die Europäische Union (EU) kämpft derzeit mit einer Staatsschuldenkrise, da sich zunehmend immer mehr EU-Mitgliedstaaten in finanziellen Schwierigkeiten befinden; beispielhaft kann hier Griechenland und Spanien genannt werden.

Wenn man den jüngsten Aussagen von beispielsweise dem Internationalen Währungsfonds (IWF) oder der Ratingagentur „Standard & Poor's" Glauben schenken kann, ist allerdings Deutschland weiterhin wirtschaftlich und finanziell gut aufgestellt. Zusätzlich betont unsere Bundesregierung, dass die nationale Haushaltspolitik stabil ist; trotz der notwendigen zusätzlichen Zahlungen in Richtung EU.

Damit den in finanzielle Not geratenen EU-Mitgliedstaaten geholfen werden kann, wurde zusätzlich zu den bereits bestehenden zwei Instrumentarien „Europäischer Finanzstabilisierungsmechanismus (EFSM)" und „Europäische Finanzstabilisierungsfazilität (EFSF)" der „Europäische Stabilitätsmechanismus (ESM)" verabschiedet.

Der EFSM inklusive dem EFSF wurden im Jahre 2010 mit einer Laufzeit von 3 Jahren verabschiedet. Speziell der EFSM – als ein finanzielles Gemeinschaftsinstrument der EU – soll dann zum Tragen kommen, wenn ein EU-Mitgliedstaat in besondere finanzielle Schwierigkeiten geraten ist, und diese Notlage weder selbst verschuldet hat noch alleine bewältigen kann. Beispielhaft ist hier die US-Finanzkrise zu nennen, die nicht nur die gesamte Weltwirtschaft im Allgemeinen, sondern leider auch einige EU-Mitgliedstaaten im Speziellen finanziell geschadet hat. Solch eine finanzielle Unterstützung ist natürlich an diverse wirtschaftspolitische Bedingungen geknüpft und wird kontinuierlich durch die EU-Kommission überwacht und überprüft.

Damit der betroffene EU-Mitgliedstaat schnellstmöglich wieder eine stabile nationale Wirtschaft vorweisen kann, wurde zusätzlich der EFSF-Rahmenvertrag zwischen den EU-Mitgliedstaaten der Wirtschafts- und Wäh-

rungsunion verabschiedet. Grundsätzlich werden hiermit die identischen Ziele wie bei dem EFSM verfolgt, allerdings in engerer Zusammenarbeit mit dem Internationalen Währungsfonds. Um diese finanzielle Hilfe gewähren zu können, stehen verschiedenste Finanzierungsinstrumente – beispielsweise die Übernahme von nationalen Anleihen – zur Verfügung.
Sowohl für die EFSM-Verordnung als auch den EFSF-Rahmenvertrag, dient Artikel 122 Abs. 2 des „Vertrags über die Arbeitsweise der Europäischen Union“ als rechtliche Basis.

Geplant wurde nun weiterhin, dass der ESM bereits Mitte 2012 dauerhaft in Kraft tritt und dementsprechend ca. 1 Jahr parallel mit dem EFSM inklusive dem EFSF für finanzielle Unterstützungen eingesetzt werden soll. Noch kann der ESM allerdings nicht eingesetzt werden, da hierzu derzeit die notwendigen nationalen Ratifizierungsverfahren laufen. Grundsätzlich soll der ESM auch dazu dienen, einem EU-Mitgliedstaat dann zu helfen, wenn sich aus dieser nationalen finanziellen Schwierigkeit eine europäische Krise entwickeln könnte. Da es sich bei dem ESM um ein dauerhaftes Instrumentarium handelt, ist das dazugehörige Vertragswerk sehr komplex und muss von allen integrierten 17 EU-Mitgliedstaaten der Eurozone ratifiziert werden. Auch dem ESM stehen wiederrum verschiedene finanzielle Instrumentarien zur Verfügung, die dann eingesetzt werden können, wenn zusätzlich der betroffene EU-Mitgliedstaat einem sogenannten „makroökonomischen Anpassungsprogramm“ zustimmt.

Diese 3 Instrumentarien – EFSM, EFSF und ESM – bringen erhebliche finanzielle Auswirkungen für Deutschland mit sich; denn bereits im Jahre 2012 muss Deutschland beispielsweise ca. 8,7 Mrd. € an den ESM zahlen. Dadurch erhöht sich unsere Nettokreditaufnahme im Jahre 2013 um ca. 46%; zusätzlich kommen noch die finanziellen Verpflichtungen aus dem EFSM und EFSF hinzu. Daher muss die eingangs gestellte Frage, ob die europäischen Probleme nicht auch automatisch unsere deutschen Probleme sind, mit einem „Ja“ beantworten werden.

Allerdings ist solch ein europäisches Gemeinschaftsgefüge, besonders von unserer Bundesregierung, wohl auch so gewollt. Denn zusätzlich zum ESM wurde auch der Fiskalvertrag auf europäischer Ebene bereits verabschiedet, um die WWU langfristig wieder zu stabilisieren; wobei auch der Fiskalvertrag erst national ratifiziert werden muss, um in Kraft treten zu können. Da durch diesen Vertrag nicht nur die Bestimmungen zur nationalen Haushaltspolitik, sondern viele weitere nationale Hoheitsrechte an die EU-Institutionen abgegeben werden sollen, gibt es in Deutschland nicht nur Befürworter für die neuen europäischen Verträge.

Ob überhaupt die Einführung der Gesetze zum ESM und Fiskalvertrag – wie nach Ansicht der Bundesregierung – auch ohne eine Volksabstimmung möglich ist, wird durch das Bundesverfassungsgericht (BVerfG) überprüft. Sollte das BVerfG die Vorgehensweise unserer Bundesregierung als richtig und mit unserem Grundgesetz als konform erachten, verzichtet Deutschland auf einen Teil seiner Souveränität. Ob dieser nationale Souveränitätsverzicht, gekoppelt an mehr europäische Verantwortung, sich positiv oder negativ für das Leben in Deutschland auswirkt, muss jeder Deutsche für sich selber entscheiden. Unsere jetzige Bundesregierung vertritt jedenfalls die Ansicht, dass diese neuen Gesetze nur ein weiterer Schritt, hin zu einer unumgänglichen Fiskal- und Stabilitätsunion, sind. Diese Ansicht spaltet derzeit wiederrum die deutschen politischen Parteien; mittlerweile bereits so weit, dass bei Verhandlungen zur Verabschiedung von europäischen Maßnahmen, unsere Bundeskanzlerin nur noch durch Gegenleistungen die notwendigen Zustimmungen der Opposition erhält. Dieses Verhalten spricht natürlich nicht für ein professionelles Vorgehen und bleibt auch beispielsweise auf europäischer Ebene nicht verborgen.

Weiterhin kommt noch hinzu, dass Deutschland dem Anschein nach die Führungsrolle innerhalb der EU verliert. Dies ist beispielsweise daran erkennbar, dass unsere Bundeskanzlerin einen strikten europäischen Sparkurs verfolgte, um die Staatsschuldenkrise einzudämmen; allerdings konnte sie ihre Absichten nicht zielführend vertreten, so dass, federführend durch Italien und Spanien, ein zusätzlicher Wachstumspakt beschlossen wurde.

Diese tendenziell negativen Gegebenheiten wirken sich natürlich dementsprechend auch negativ auf die deutsche Bevölkerung aus. Jeder einzelne Deutsche sollte sich daher fragen, in wie weit er selber auch Europäer ist und ob zusätzlich die eigenen Ansichten durch unsere jetzige Bundesregierung gut vertreten werden.

Bei diesen Überlegungen sollte natürlich nicht vergessen werden, dass sich durch die EU auch viele positive Gegebenheiten für Deutschland entwickeln. Beispielsweise ist, trotz der jüngsten Verhandlungsschwäche unserer Bundeskanzlerin, Deutschland weiterhin einer der führenden Staaten innerhalb der EU. Somit ist auch das internationale Ansehen weiterhin gegeben.

Wenn es die Staats- und Regierungschefs der EU mit ihren Maßnahmen schaffen, die gesamte WWU langfristig wieder zu stabilisieren, wurde eine weitere Hürde genommen, die dazu beitragen sollte, das europäische Netzwerk weiter zu stärken. Denn wenn man sich in solchen negativen Zeiten gegenseitig unterstützt und eine finanzielle Krise gemeinsam bewältigt, wächst i.d.R. diese Gemeinschaft noch enger zusammen.

Hinweis des Herausgebers

Sabrina Machts legt eine anregende Studie vor, deren hauptsächlicher Fokus weniger die wirtschaftswissenschaftlichen, wirtschaftspolitischen und fiskalischen Fundierungen, Konsequenzen und Interdependenzen sind, sondern sie arbeitet insbesondere die Beziehungen heraus, die sich zwischen den verschiedenen Vertragselementen ergeben, und zeigt, wie sich diese auf die deutsche Bevölkerung auswirken können. Dass die Verfasserin sich nicht selten auch an eher journalistischen Quellen orientiert, ist angesichts der Tagesaktualität des hier behandelten Themas akzeptabel.

Anhang

1) EU-Mitgliedstaaten: Die 27 Mitgliedstaaten EU sind: Belgien, Bulgarien, Dänemark, Deutschland, Estland, Finnland, Frankreich, Griechenland, Irland, Italien, Lettland, Litauen, Luxemburg, Malta, Niederlande, Österreich, Polen, Portugal, Rumänien, Schweden, Slowakei, Slowenien, Spanien, Tschechien, Ungarn, Vereinigtes Königreich und Zypern.[117]

2) Stabilitäts- und Wachstumspakt: Diese Vereinbarung wurde bereits 1996 zwischen den damaligen EU-Mitgliedstaaten der WWU getroffen, um die WWU finanzpolitisch zu stabilisieren. Dieses Hauptziel soll maßgeblich dadurch erreicht werden, dass die jeweiligen EU-Mitgliedstaaten eine stabile nationale Haushaltspolitik verfolgen.[118]

3) Konvergenzkriterien: Die vier Konvergenzkriterien des Stabilitäts- und Wachstumspaktes lauten: stabiles Preisniveau, gesunde Staatsfinanzen, stabile Wechselkurse und moderate Zinsdifferenzen. Diese müssen durch ein EU-Mitgliedstaat erfüllt und eingehalten werden, um zusätzlich ein Mitglied der „Wirtschafts- und Währungsunion" werden zu können.[119]

4) Mitgliedstaaten der Wirtschafts- und Währungsunion (WWU): Die 17 Mitgliedstaaten der WWU sind: Belgien, Deutschland, Estland, Finnland, Frankreich, Griechenland, Irland, Italien, Luxemburg, Malta, Niederlande, Österreich, Portugal, Slowakei, Slowenien, Spanien und Zypern.[120]

5) Eurozone: Unter der Eurozone werden diejenigen EU-Mitgliedstaaten zusammengefasst, die die €-Währung als eigene Landeswährung nutzen. Der Begriff „Eurozone" kann mit den Begriffen „Euro-Land" oder auch „Euro-Raum" gleichgesetzt werden.[121]

117 Vgl. Schrötter (2010): Kleines Europa-Lexikon, S.104f.

118 Vgl. Wörterbuch kaufmännischer Begriffe (2000): Stabilitätspakt, S.267.

119 Vgl. Friedrich / Unterberg (1996): Die Währungsunion – Chance für Europa, S.38.

120 CRP-Infotec (erstellt: 07'2012): Mitglieder der Eurozone, www.crp-infotec.de

121 Vgl. Schrötter (2010): Kleines Europa-Lexikon, S.77.

6) Ratifizierungsverfahren: Hiermit wird das Verfahren umschrieben, wenn unsere Bundesregierung einen beispielsweise europäischen völkerrechtlichen Vertrag abgeschlossen hat, und dieser nun ins nationale Recht aufgenommen werden muss. Nur mit der Unterschrift des Bundespräsidenten erlangt der Staatsvertrag Gültigkeit. Wenn es sich um sehr wichtige Verträge – wie beispielsweise dem ESM- oder Fiskalvertrag – handelt, muss vor der o.g. Unterschrift sowohl der Bundestag als auch der Bundesrat um Zustimmung und Erlass der entsprechenden Gesetzte gebeten werden.[122]

7) Europäisches Beihilferecht: Da grundsätzlich die Möglichkeit besteht, dass auf nationaler Ebene Unternehmen finanziell durch den Staat unterstützt werden können, wurde das Europäische Beihilferecht – seitens der Europäischen Kommission – erlassen. Durch dieses Recht soll sichergestellt werden, dass branchenähnliche Unternehmen europaweit gleich behandelt werden und somit ein ausgeglichener Wettbewerb stattfindet.[123]

[122] Gabler (abgerufen: 08'2012): „Staatsvertrag“, www.wirtschaftslexikon.gabler.de

[123] RA v. Donat/Quardt (abgerufen: 08'.2012): Beihilferecht, www.vondonat-quardt.de

Abbildungsverzeichnis

Seite

Abkürzungsverzeichnis

BMF	Bundesministerium der Finanzen
BR	Bundesregierung
BVerfG	Bundesverfassungsgericht
D	Deutschland
EFSM	Europäischer Finanzstabilisierungsmechanismus
EFSF	Europäische Finanzstabilisierungsfazilität
EGV	Vertrag zur Gründung der Europäischen Gemeinschaft
ESM	Europäischer Stabilitätsmechanismus
EU	Europäische Union
EZB	Europäische Zentralbank
GG	Grundgesetz
IWF	Internationaler Währungsfonds
RA	Rechtsanwalt, Rechtsanwälte
SWP	Stabilitäts- und Wachstumspakt
S&P	Standard & Poor's
WWU	Wirtschafts- und Währungsunion

Quellenverzeichnis

Literaturquellen

Bittner, Jochen (2010): So nicht, Europa! – Die großen Fehler der EU, München, Deutscher Taschenbuch Verlag

BMF, Referat Öffentlichkeitsarbeit (2011): Dritter Bericht zur Tragfähigkeit der öffentlichen Finanzen, Berlin

BMF, Referat Öffentlichkeitsarbeit (2011): Europapolitik im Bundesministerium der Finanzen, Berlin

BMF, Referat Öffentlichkeitsarbeit (2011): Im Profil – Das Bundesministerium der Finanzen, Berlin, Seite 20

Duden Wirtschaft von A bis Z (2010): Grundlagenwissen für Schule und Studium, Beruf und Alltag, 4. Auflage, Mannheim, Bibliographisches Institut AG, Seite 136

Europa-Recht (2007): 22. Auflage, o.O., Deutscher Taschenbuch Verlag, Beck-Texte im dtv, Zusatz: o.V.

Friedrich, Klaus / Unterberg, Armin (1996): Die Währungsunion – Chance für Europa, 2. Auflage, Bonn, Europa Union Verlag GmbH

Grundgesetz für die Bundesrepublik Deutschland: Präambel und Artikel 20

Kölner Stadt-Anzeiger, Merkel beugt sich Gipfel-Druck, Nr. 150, Samstag 30. Juni / Sonntag 1. Juli 2012, Köln, Titelblatt, Zusatz „Autoren“: Peter Riesbeck und Karl Doemens,

Kölner Stadt-Anzeiger, Sich bewegen, ohne umzufallen, Nr. 150, Samstag 30. Juni / Sonntag 1. Juli 2012, Köln, Seite 2, Zusatz „Autor“: Peter Riesbeck

Kölner Stadt-Anzeiger, Wir sind uns fremd geworden, Nr. 150, Samstag 30. Juni / Sonntag 1. Juli 2012, Köln, Seite 4, Zusatz „Autor“: Esra Gürsel

Lexikon der Volkswirtschaft (2003): 2. Auflage, München, Deutscher Taschenbuch Verlag, Beck-Wirtschaftsberater im dtv, Zusatz „Verfasser“: Hohlstein, Michael / Pflugmann-Hohlstein, Barbara / Sperber, Herbert / Sprink, Joachim

Martin, Hans-Peter (2009): Die Europafalle – Das Ende von Demokratie und Wohlstand – Das teure Tabu der Deutschen, München, Piper Verlag GmbH

Rürup, Bert / Heilmann Dirk (2012): Fette Jahre – Warum Deutschland eine glänzende Zukunft hat, München, Carl Hanser Verlag

Schrötter, Hans Jörg (2010): Kleines Europa-Lexikon, Geschichte – Politik – Recht, München, Deutscher Taschenbuch Verlag

Spiegel, Titelblatt: Akropolis Adieu! – Warum Griechenland jetzt den Euro verlassen muss, Artikel: Abschied vom Euro, Nr. 20 / 14.05.12, Seite 23, Zusatz: 9 interne Autoren und o.O.

Spiegel, Titelblatt: Das Tor zu einer anderen Welt, Artikel: Verfassung – Raffinierte Drohung, Nr. 28 / 9.7.12, Seite 20, Zusatz „Autoren“: Dietmar Hipp, René Pfister, o.O.

Spiegel, Titelblatt: Die Geburt des Ich, Artikel: „Es muss jetzt schnell gehen“, Nr. 25 / 18.6.12, Seite 68, Zusatz „Interviewer“: Marc Hujer, Gregor-Peter Schmitz, o.O.

Spiegel, Titelballt: Geheim-Operation Samson, Artikel: Bündnis für Bonds, Nr. 23 / 4.6.12, Seite40-41, Zusatz „Autoren“: Ralf Beste, Christoph Hickmann, Gordon Repinski, o.O.

Spiegel, Titelblatt: Wenn der Euro zerbricht, Artikel: Merkels Geschenk für die Länder, Nr. 26 / 25.6.12, Seite 13, Zusatz: o.V. und o.O.

Spiegel, Titelblatt: Ziemlich beste Feinde – Neid und Niedertracht in der Politik, Artikel: Hollande bleibt hart, Nr. 21 / 21.5.12, Seite 15, Zusatz: o.V. und o.O.

Stern, Titelblatt: Einfach gut essen, Artikel: François, der Zweite, Nr. 19, 3.5.2012. Seite 60, Zusatz „Autor“: Claus Lutterbeck, o.O.

Stern, Titelblatt: I Love London – Das New York Europas, Artikel: An Merkel perlt alles ab, Nr. 29, 12.7.2012, Seite 26, Zusatz: o.V. und o.O.

Stern, Titelblatt: Versöhnung mit den Eltern, Artikel: „Hände weg vom Grundgesetz“, Nr. 28, 5.7.2012, Seite 38-40, Zusatz „Interviewer“: Tilman Gerwien, Axel Vornbäumen, o.O.

von Arnim, Hans-Herbert (2006): Das Euro-Komplott – Wie EU-Funktionäre unsere Demokratie verscherbeln, Europa ohne Volk, München und Wien, Carl Hanser Verlag, S. 42.

Weidenfeld, Werner (2010): Die Europäische Union, Paderborn, Wilhelm Fink GmbH & Co. Verlags-KG, Zusatz: UTB

Welt, S&P gibt Deutschland Bestnoten – Ratingagentur lobt wettbewerbsfähige Wirtschaft, Freitag 3. August 2012, Berlin, Axel Springer Verlag, Zusatz: o.V.

Wirsching, Andreas (2012): Der Preis der Freiheit – Geschichte Europas in unserer Zeit, München, Verlag C.H.Beck oHG

Wörterbuch kaufmännischer Begriffe (2000), Köln, Serges Medien GmbH, Zusatz: o.V.

Internetquellen

Bild.de, Neue Regierung in Athen – Griechen wollen mehr Zeit und weniger Sparen, abgerufen am: 28.07.2012, erstellt am: 24.06.2012, http://www.bild.de/geld/wirtschaft/griechenland-krise/griechen-wollen-mehr-zeit-und-weniger-sparen-samaras-im-krankenhaus-24822770.bild.html

Bundesministerium der Finanzen: www.bundesministerium.de

Bundestag und Bundesrat stimmen für Fiskalvertrag und ESM, abgerufen am: 20.07.2012, erstellt am: 30.06.2012, http://www.bundesfinanzministerium.de/Content/DE/Standardartikel/Themen/Europa/Stabilisierung_des_Euro/2012-06-30-ESM-im-Bundestag.html

Der Europäische Stabilitätsmechanismus (ESM), abgerufen am: 28.07.2012, erstellt am: 20.04.2012, http://www.bundesfinanzministerium.de/Content/DE/Monatsberichte/2012/04/Inhalte/Kapitel-3-Analysen/3-2-der_europaeische_Stabilitaetsmechanismus_esm.html

Der neue Stabilitäts- und Wachstumspakt, abgerufen am: 28.07.2012, erstellt am: 21.05.2012, http://www.bundesfinanzministerium.de/Web/DE/Themen/Europa/Stabilisierung_des_Euro/Neue_haushaltspoliti-sche_Ueberwachung/Stabilitaets_und_Wachstumspakt/stabilitaets_und_wachstumspakt.html

Die Eurozone stärkt ihre gemeinsame Währung, abgerufen am: 28.07.2012, erstellt am: 15.03.2011, http://www.bundesfinanzministerium.de/Content/DE/Standardartikel/Themen/Europa/2011-03-15-eurozonengipfel.html

Europäische Finanzstabilisierungsfazilität (EFSF), abgerufen am: 28.07.2012, erstellt am: 21.05.2012, http://www.bundesfinanzministerium.de/Content/DE/Standardartikel/Themen/Europa/Stabilisierung_des_Euro/Finanzhilfemechanismen/EU_Finanzstabilisierungsfazilitaet_EFSF/2012-05-21-europaeische-finanzstabilisierungsfazilitaet-efsf.html

Europäischer Finanzstabilisierungsmechanismus (EFSM), abgerufen am: 28.07.2012, erstellt am: 21.05.2012, http://www.bundesfinanzministerium.de/Content/DE/Standardartikel/Themen/Europa/Stabilisierung_des_Euro/Finanzhilfemechanismen/EU_Finanzstabilisierungsmechanismus_EFSM/2012-05-21-europaeischer-finanzstabilisierungsmechanismus-efsm.html

Europäischer Stabilitätsmechanismus (ESM), abgerufen am: 27.07.2012, erstellt am: 21.05.2012, http://www.bundesfinanzministerium.de/Content/DE/Standardartikel/Themen/Europa/Stabilisierung_des_Euro/Finanzhilfemechanismen/EU_Stabilitaetsmechanismus_ESM/2012-05-21-europaeischer-stabilitaetsmechanismus-esm.html

Fiskalvertrag und Europäischer Stabilitätsmechanismus (ESM) - FAQ, abgerufen am: 02.08.2012, erstellt am: 28.03.2012, http://www.bundesfinanzministerium.de/Content/DE/Standardartikel/Themen/Europa/Stabilisierung_des_Euro/Neue_haushaltspolitische_Ueberwachung/2012-03-28-Fiskaltvertrag-und-ESM-FAQ.html

Fiskalvertrag, abgerufen am: 02.08.2012, erstellt am: 21.05.2012, http://www.bundesfinanzministerium.de/Content/DE/Standardartikel/Themen/Europa/Stabilisierung_des_Euro/Neue_haushaltspolitische_Ueberwachung/Fiskalvertrag/2012-05-21-fiskalvertrag.html

Fragen und Antworten (FAQ's) zum Stabilitäts- und Wachstumspakt, abgerufen am: 28.07.2012, erstellt am: 09.05.2011, http://www.bundesfinanzministerium.de/Content/DE/Standardartikel/Themen/Europa/Stabilisierung_des_Euro/Neue haushaltspolitische_Ueberwachung/2011-05-09-stabilitaets-und-wachstumspakt-faq.html

IWF: Exekutivdirektorium schließt Artikel-IV-Konsultationen 2012 mit Deutschland ab, abgerufen am: 28.07.2012, erstellt am: 03.07.2012, http://www.bundesfinanzministerium.de/Content/DE/Standardartikel/Themen/Internationales_Finanzmarkt/Internationale_Finanzpolitik/Internationaler_Waehrungsfonds/2012-07-03-iwf-artikel-iv-konsultationen-abgeschlossen.html

Öffentliche Finanzen – Pressemitteilung Nr. 29, Bundeshaushalt 2013 und Finanzplan bis 2016 vom Kabinett beschlossen, abgerufen am: 04.08.2012, erstellt am: 27.06.2012, http://www.bundesfinanzministerium.de/Content/DE/Pressemitteilungen/Finanzpolitik/2012/06/2012-06-27-PM29-BHH2013.html

Öffentliche Finanzen – Regierungsentwurf zum Bundeshaushalt 2013 und Finanzplan bis 2016, abgerufen am: 03.08.2012, erstellt am: 20.07.2012, http://www.bundesfinanzministerium.de/Content/DE/Monatsberichte/2012/07/Inhalte/Kapitel-3-Analysen/3-1-regierungsentwurf-bundeshaushalt-2013-und-Finanzplan-2016.html

Perfekte Lösungen brauchen lange, abgerufen am: 04.08.2012, erstellt am: 25.06.2012, http://www.bundesfinanzministerium.de/Content/DE/Interviews/2012/2012-06-25-Spiegel.html

Podcast „Schäuble zur Sache": Nachhaltiges Wachstum nur mit soliden Staatsfinanzen, Nr. 32, abgerufen am: 06.08.2012, erstellt am: 09.07.2012, http://www.bundesfinanzministerium.de/Content/DE/Pressemitteilungen/Finanzpolitik/2012/07/2012-07-09-PM32.html

Unterzeichnung des ESM-Vertrags, abgerufen am: 27.07.2012, erstellt am: 03.02.2012, http://www.bundesfinanzministerium.de/Content/DE/Standardartikel/Themen/Europa/Stabilisierung_des_Euro/Finanzhilfemechanismen/2012-01-27-esm.html

Vertrag zur Einrichtung des Europäischen Stabilitätsmechanismus, abgerufen am: 27.07.2012, erstellt am: 03.02.2012, http://www.bundesfinanzministerium.de/Content/DE/Standardartikel/Themen/Europa/Stabilisierung_des_Euro/Finanzhilfemechanismen/2012-01-27-esm-anl.html

Bundesregierung: www.bundesregierung.de

Der Europäische Stabilitätsmechanismus, abgerufen am: 28.07.2012, erstellt am: 25.03.2011, http://www.bundesregierung.de/Content/DE/Artikel/2011/03/2011-03-24-esm.html

Europa-Lexikon, abgerufen am: 18.07.2012, erstellt am: 22.11.2005, http://www.bundesregierung.de/Content/DE/Lexikon/EUGlossar/V/2005-11-22-vertrag-ueber-die-europaeische-union-maastricht-vertrag-.html

Europäischer Stabilisierungsmechanismus, abgerufen am: 28.07.2012, erstellt am: 21.05.2012, http://www.bundesregierung.de/Content/DE/Lexikon/EUGlossar/E/2012-05-21-europaeischer-stabilisierungsmechanismus.html

Mitschrift Pressekonferenz – Pressebegegnung von Bundeskanzlerin Angela Merkel und dem Bundeskanzler der Republik Österreich, Werner Faymann, abgerufen am: 02.08.2012, erstellt am: 02.12.2011: http://www.bundesregierung.de/Content/DE/Mitschrift/Pressekonferenzen/2011/12/2011-12-02-bkin-faymann.html

Nationales Reformprogramm für Deutschland beschlossen, abgerufen am: 01.08.2012, erstellt am: 06.04.2011, http://www.bundesregierung.de/Content/DE/Artikel/2011/04/2011-04-06-nationales-reformprogramm.html

Bundesverfassungsgericht, Pressemitteilung Nr.47/2012 vom 02. Juli 2012 – Mündliche Verhandlung in Sachen „ESM/Fiskalpakt – Anträge auf Erlass einer einstweiligen Anordnung", abgerufen am: 02.08.2012, erstellt am: 02.07.2012, http://www.bundesverfassungsgericht.de/pressemitteilungen/bvg12-047.html

Bürgerbündnis, Startseite – Verfassungsbeschwerde zu ESM und Fiskalvertrag in Karlsruhe eingereicht, abgerufen am: 04.08.2012, erstellt am: 29.06.2012 http://www.mehr-demokratie.de/6986.html?&tx_ttnews%5BbackPid%5D=5859&tx_ttnews%5Btt_news%5D=12524&cHash=e136e6250dcb902f68a7705dca435a09

Consilium, Rat der Europäischen Union – Erklärung des Euro-Gipfels in Brüssel, abgerufen am: 03.10.2012, erstellt am: 08.11.2011 http://www.consilium.europa.eu/uedocs/cms_data/docs/pressdata/de/ec/125662.pdf

CRP-Infotec, Politik und Zeitgeschichte – Eurozone – Mitglieder der Eurozone, abgerufen am: 07.08.2012, erstellt / aktualisiert am: 17.07.2012, http://www.crp-infotec.de/02euro/finanzen/eurozone.html

EFSF-Rahmenvertrag (in der ab dem Wirksamwerden der Änderungen geltenden Fassung), abgerufen am: 29.09.2012, erstellt am: 26.08.2011, http://www.nachdenkseiten.de/upload/pdf/110902_EFSF_Rahmenvertrag_Anpassung.pdf

Europäische Kommission, Europa 2020 (Übersicht), abgerufen am: 01.08.2012, erstellt / aktualisiert am: 24.07.2012, http://ec.europa.eu/europe2020/index_de.htm

EUR-Lexikon, Amtsblatt der EU, C 306/10, Änderungen des Vertrags über die Europäische Union und des Vertrags zur Gründung der Europäischen Gemeinschaft, abgerufen am: 03.10.20012, erstellt am: 17.12.2007 http://eur-lex.europa.eu/LexUriServ/LexUriServ.do?uri=OJ:C:2007:306:0010:0041:DE:PDF

Focus Online, Finanzen - Eilanträge gegen Fiskalpakt und ESM - Klagewelle soll Angela Merkels Euro-Rettung zu Fall bringen, abgerufen am: 04.08.2012, erstellt am: 30.06.2012, http://www.focus.de/finanzen/news/staatsverschuldung/eilantraege-gegen-fiskalpakt-und-esm-klagewelle-soll-angela-merkels-euro-rettung-zu-fall-bringen_aid_775196.html

Gabler Wirtschaftslexikon, Suchbegriff „Staatsvertrag", abgerufen am: 07.08.2012, erstellt am: //, http://wirtschaftslexikon.gabler.de/Definition/staatsvertrag.html?referenceKeywordName=Ratifikation

Handelsblatt.com, Politik – International – S&P, Moody's, Fitch – Studien belegen Willkür der Ratingagenturen, abgerufen am: 01.08.2012, erstellt am: 31.07.2012, http://www.handelsblatt.com/politik/international/sundp-moodys-fitch-studien-belegen-willkuer-der-ratingagenturen/6937772.html

Leo.org, Suchwort „Quid pro quo", abgerufen am: 28.07.2012, erstellt am: //, http://dict.leo.org/ende?lp=ende&lang=de&searchLoc=0&cmpType=relaxed§Hdr=on&spellToler=&search=Quid+pro+quo

MM news, Wirtschaft => Die ESM-Diktatur enteignet Deutschland, abgerufen am: 25.07.2012, erstellt am: 06.02.2012, http://www.mmnews.de/index.php/wirtschaft/9414-die-esm-diktatur-enteignet-deutschland

Rechtsanwälte von Donat und Quardt, Beihilferecht, abgerufen am: 07.08.2012, erstellt am: //,
http://www.vondonat-quardt.de/html/beihilferecht.html

Spiegel.de, Die Nacht, in der Merkel verlor, abgerufen am: 06.08.2012, erstellt am: 29.06.2012,
http://www.spiegel.de/politik/ausland/angela-merkel-erleidet-bei-eu-gipfel-niederlage-a-841653.html

Stern.de, EFSF-Herabstufung: Zahlt Deutschland jetzt die Zeche?, abgerufen am: 01.08.2012, erstellt am: 17.01.2012,
http://www.stern.de/wirtschaft/news/efsf-herabstufung-zahlt-deutschland-jetzt-die-zeche-1774706.html

Stern.de, EFSF und ESM, Merkel will mit noch mehr Geld den Euro retten, abgerufen am: 28.07.2012, erstellt am: 26.03.2012,
http://www.stern.de/politik/deutschland/efsf-und-esm-merkel-will-mit-noch-mehr-geld-den-euro-retten-1805287.html

Stern.de, ESM und Fiskalpakt: Wer hat schon zugestimmt?, abgerufen am: 27.07.2012, erstellt am: 10.07.2012,
http://www.stern.de/politik/wer-hat-schon-zugestimmt-1854566.html

Süddeutsche.de, Finanzkrise – Spanien braucht bis zu 62 Milliarden Euro für seine Banken, abgerufen am: 06.08.2012, erstellt am: 21.06.2012,
http://www.sueddeutsche.de/wirtschaft/finanzkrise-spanien-braucht-bis-zu-milliarden-euro-fuer-seine-banken-1.1389133

Tagesschau.de, Einigung beim Fiskalpakt, abgerufen am: 28.07.2012, erstellt am: 21.06.2012,
http://www.tagesschau.de/wirtschaft/fiskalpakt198.html

Tagesschau.de, 20 Jahre Vertrag von Maastricht – Die Diskussionen sind dieselben geblieben, abgerufen am: 28.07.2012, erstellt am: 07.02.2012,
http://www.tagesschau.de/ausland/maastricht100.html

Tagesschau.de, Merkel setzt auf politische Einheit Europas, abgerufen am: 06.08.2012, erstellt am: 07.06.2012,
http://www.tagesschau.de/inland/merkel2740.html

Tagesschau.de, Ratingagentur Moody's – Deutschland muss um Top-Bonität fürchten, abgerufen am: 01.08.2012, erstellt am: 25.07.2012, http://tagesschau.de/multimedia/video/video1153532.html

Welt Online, Wirtschaft – Europäische Ratingagentur steht vor der Gründung, abgerufen am: 04.08.2012, erstellt am: 27.04.2012 http://www.welt.de/wirtschaft/article106233121/Europaeische-Ratingagentur-steht-vor-der-Gruendung.html

Zeit Online, Politik – Deutschland – Merkel will Fiskalunion ohne Volksabstimmung, abgerufen am: 02.08.2012, erstellt am: 02.12.2011, http://www.zeit.de/politik/deutschland/2011-12/euro-merkel-volksabstimmung

AUSSENHANDELSPOLITIK UND -PRAXIS

Herausgegeben von Prof. Dr. Jörn Altmann

ISSN 1614-3582

1 *Anja Marx*
Außenhandel mit Italien
Ein Exportratgeber für deutsche Unternehmen
ISBN 3-89821-072-3

2 *Quynh Anh Dang*
Foreign Direct Investment in Vietnam
Chancen und Risiken für ausländische Investoren im vietnamesischen Markt
ISBN 3-89821-260-2

3 *Jürgen Neuberger*
Gesellschaftsformen in Europa und den USA im Vergleich
ISBN 3-89821-311-0

4 *Thomas Steffen*
Japan im Wandel
Chancen, Risiken und Erfolgsfaktoren für ausländische Unternehmen
ISBN 3-89821-298-X

5 *Thomas Wölfel*
Marken- und Produktpiraterie
Eine Studie zu Erscheinungsformen und Bekämpfungsmöglichkeiten
ISBN 3-89821-284-X

6 *Imke Heinrich*
Markenführung als strategischer Erfolgsfaktor
ISBN 3-89821-351-X

7 *Albrecht Neumann*
Kulturspezifische Probleme in deutsch-russischen Wirtschaftsbeziehungen
Das Beispiel Siemens Business Services in Moskau
ISBN 3-89821-408-7

8 *Tanja Fuß*
Negotations with the Japanese
Overcoming Intercultural Communication Hurdles
ISBN 3-89821-420-6

9 *Verena Ohms*
Rechnungslegung national und international
Eine vergleichende Darstellung der Rechnungslegungsgrundsätze nach HGB und IFRS
ISBN 3-89821-520-2

10 *Verena Ohms*
Konzernabschlüsse national und international
Eine vergleichende Darstellung der Konzernrechnungslegung nach HGB und IFRS
ISBN 3-89821-521-0

11 *Astrid Zippel*
EU-Förderprogramme für kleine und mittelständische Unternehmen
Ein Ratgeber
ISBN 3-89821-704-3

12 *Nicole Daiker*
Risikomanagement im Zollbereich
unter besonderer Berücksichtigung des zugelassenen Wirtschaftsbeteiligten
ISBN 978-3-89821-897-9

13 *Ying Sun*
Beschaffung in China
Ein Ratgeber für optimale Verhandlungen mit chinesischen Lieferanten
ISBN 978-3-8382-0002-6

14 *Marcel Rank*
Sanierungsfall Afrika
40 Jahre Entwicklungshilfe
Bilanz und Perspektiven
ISBN 978-3-8382-0021-7

15 *Oliver Knickel*
Ist der Euro ein Teuro?
Eine Analyse der gefühlten Inflation in der Eurozone
ISBN 978-3-8382-0356-0

16 *Astrid Shchekina-Greipel*
Einfuhr nach Russland leicht gemacht
Worauf beim Exportgeschäft mit der Russischen Föderation zu achten ist
ISBN 978-3-8382-0444-4

17 *Sabrina Machts*
Der Europäische Stabilitätsmechanismus und die Fiskalunion
Positive und negative Auswirkungen für Deutschland und Europa
ISBN 978-3-8382-0450-5

Abonnement

Hiermit abonniere ich die Reihe **Außenhandelspolitik- und praxis (ISSN 1614-3582),** herausgegeben von Prof. Dr. Jörn Altmann,

❒ ab Band # 1

❒ ab Band # ___

❒ Außerdem bestelle ich folgende der bereits erschienenen Bände:
#___, ___, ___, ___, ___, ___, ___, ___, ___, ___, ___, ___

❒ ab der nächsten Neuerscheinung

❒ Außerdem bestelle ich folgende der bereits erschienenen Bände:
#___, ___, ___, ___, ___, ___, ___, ___, ___, ___, ___, ___

❒ 1 Ausgabe pro Band ODER ❒ ___ Ausgaben pro Band

Bitte senden Sie meine Bücher zur versandkostenfreien Lieferung innerhalb Deutschlands an folgende Anschrift:

Vorname, Name: ______________________________

Straße, Hausnr.: ______________________________

PLZ, Ort: ______________________________

Tel. (für Rückfragen): ______________ *Datum, Unterschrift:* ______________

Zahlungsart

❒ *ich möchte per Rechnung zahlen*

❒ *ich möchte per Lastschrift zahlen*

bei Zahlung per Lastschrift bitte ausfüllen:

Kontoinhaber: ______________________________

Kreditinstitut: ______________________________

Kontonummer: ______________ Bankleitzahl: ______________

Hiermit ermächtige ich jederzeit widerruflich den *ibidem*-Verlag, die fälligen Zahlungen für mein Abonnement der Reihe **Außenhandelspolitik und -praxis** von meinem oben genannten Konto per Lastschrift abzubuchen.

Datum, Unterschrift: ______________________________

Abonnementformular entweder **per Fax** senden an: **0511 / 262 2201** oder 0711 / 800 1889
oder als **Brief** an: *ibidem*-Verlag, Julius-Leber Weg 11, 30459 Hannover oder
als **e-mail** an: **ibidem@ibidem-verlag.de**

ibidem-Verlag
Melchiorstr. 15
D-70439 Stuttgart
info@ibidem-verlag.de

www.ibidem-verlag.de
www.ibidem.eu
www.edition-noema.de
www.autorenbetreuung.de

Zeitfracht Medien GmbH
Ferdinand-Jühlke-Straße 7
99095 Erfurt, Deutschland
produktsicherheit@kolibri360.de